素養導向的
教師共備觀議課

劉世雄　著

五南圖書出版公司 印行

自序

從2009年開始，我申請的科技部（國科會）專題研究計畫大都與中小學教師專業成長方案有關。感謝科技部的經費支持，這幾年來，我訪談過上百位校長和教師、觀課上百場次，研究問卷發放過兩千份以上，甚至，我還長期進入一所學校觀察，與該校教師互動兩年，我對於台灣中小學教師的專業成長頗有心得，我也將研究心得撰寫成論文，發表在數個國內外重要學術期刊。

在上述所提的研究心得中，我發現教師若能相互協助，相互刺激思考，發揮集體智慧，除了可以改善學生的學習品質外，也可以提升自己的教學實務知識。這種基於社會建構理論的協同學習，對教師專業成長有很大的成效。

然而，在諸多研究心得中，我發現台灣教師專業成長有三個值得提出說明的問題與現象。

第一個現象，許多學校自己辦理教師研習活動，也有部分教師經常自主性地利用假日參與校外研習活動，這些教師是否將其獲得的教育理念或研習心得實踐於課堂中？文獻上早已指出，參加校內或校外研習，不管是聆聽講座或參與工作坊，都是與教師自己的教學情境脫離，若沒有在自己的課堂中實踐，參加研習勉強只是增加教育相關資訊而已。

我發現第二個現象，台灣這十年來有許多中小學教師專業成長方案，部分教師在乎專業成長方案中提及的教學步驟與教學表現技巧，這些教師會不斷地透過同儕觀察或表現指標，省思自己的教學流程，也自我期許成為一位教學專家，可以受邀分享自己的教學經驗。然而，如同國外文獻指出，教師投入心力在自己的教學技巧中，自己的教學型態改變了，學生的學習活動也改變了，但學生的學習成效似乎沒有多大改變。

　　我又發現第三個現象，不管是十二年國教課綱總綱提及教師需要公開授課、部分學校早已試驗學習共同體的共備觀議課，還是學校自早期以來一直推動的教學觀摩，多數教師進入課堂觀課所關注的焦點是教師的教學行為，觀課紀錄也多描述教師的教學技巧與其優缺點。由於這種觀課關注教師所產生的教學者焦慮、缺乏教學自信以及其他心理因素，已讓多數教師對公開授課產生壓力與抗拒，部分教師僅在公開課那節課認真思考教學設計，之後回復以往，而觀課教師也為避免傷害同僚關係，大都以表面讚美做回應。

　　上述三個問題或現象值得思考，教師研習心得若未實踐於教學中、教師若過度遵循教學模式或表現指標，以及公開課若僅是表面作為，那這樣的教師專業成長的效益有多大？而且是對誰的效益？對教師？還是對學生？

　　我從小學教師年資開始算，今年滿三十年，這三十年來，我一直認為教師的責任就是把學生教好，教學的目的就是讓學生學習到有價值意義的內容，而教師專業成長歷程怎麼可以缺乏學生表現的關注？評估教師專業成長的方法怎麼可以不從學生學習成效思考？

　　另外，隨著十二年國教課綱的推動，學生核心素養的型塑特別重要，核心素養是現在學生二十年後在社會中面對各種挑戰的重要能力。二十年後的社會中堅分子現在就在校園裡接受教育，如果教師還是僅以基礎知識、基礎技能當作教學核心，那這些學生二十年後將無法適應社會生活，更不用說改善社會問題了。因此，教師要有體認，核心素養需要被列入教學設計中，也需要被觀察與檢視其學習成效。

　　綜合上述的想法，我開始統整我的研究心得，包含教師協同學習在共備觀議課的效益，教學理念需要實踐、共備觀議課焦點在於學生在核心素養上的學習成效，以及讓教師在公開課體會到對學生學習與對自己專業成長的利益，我也將這些心得不斷地在許多學校的邀約中分享，並接收教師的回饋。之後，我不斷釐清每個可以在中小學應用的細節以及轉化為帶領教師專業成長的策略。在五南圖書出版公司陳念祖副總編輯的鼓勵下，我寫了這一本《素養導向的教師共備觀議課》，這是一本以我的研究心得為基礎所發展的教師專業成長之專書，不僅提及教師共備觀議課的相關作法，也指出一些影響成敗的關鍵要點。

　　雖然本書的相關想法來自於中小學教學實務的研究計畫和研究結果，但本書目的不在於貢獻學術論著，而是提供中小學教師專業成長的可行作法。為了讓中小學校長和教師容易閱讀，我不以文獻或研究論文寫作的格式呈現我的想法，但從文中常會看見「根據我的訪談結果」和「根據我的觀察結果」等用語，這即是研究心得所轉化的語詞，期待這種具有實證資料的表述，提供教師實踐教學活動時的參考。不過，本書論述一定受限於我個人的研究情境，有些值得提出再討論，有些論述可能也不夠精準，仍期待各界指正。

劉世雄

國立彰化師範大學師資培育中心

2018年7月7日於研究室

目　錄

表　次

圖　次

第一章

教師觀議課模式的發展

　　教育部於民國103年11月公布的「十二年國民基本教育課程綱要總綱」，其中的實施要點中提及「為持續提升教學品質與學生學習成效，型塑同儕共學的教學文化，校長及每位教師每學年應在學校或社群整體規劃下，至少公開授課一次，並進行專業回饋」，公開授課必有相對應的觀課者和觀察記錄，也可能必須要在授課前以及授課後進行專業對話，或藉由社群教師的相互觀課以及集體議課的模式進行專業回饋。因為上述的規劃，全國中小學開始思考藉由觀議課促進教師專業發展的做法，甚至連大學部分系所也開始規劃大學教授的共備社群。

　　傳統的教師專業成長方式，如教師參與校內或校外的研習講座、或到學術機構進行在職進修，往往被批評過於形式、由上而下或與教師平日教學實務過於分離，因這些方式缺乏與教師日常教學實務的連結，對教師的專業成長助益有限。相對於傳統的教師專業成長方式，教師以專業社群方式進行公開授課與集體議課，可以讓教師進行更貼近教學實務的學習，促進教師教學專業成長。因此，教師進行公開授課與專業對話，已被視為是一種可以促進教師教學實務知識學習的專業成長活動。

第一節　教師專業發展模式的轉變

　　教師專業發展是一種專業知識學習與成長的歷程，從訊息處理的細節來看，教師接收外在教育相關訊息進入大腦，透過自己的經驗與知識進行詮釋，再轉化為具體的教育活動，並實踐於工作場域中，最後評估對教育工作的效益，若有正向的效益，便可以確認教師專業發展的成效。台灣從實施九年一貫課程以前，便有教師專業發展的模式，歷經九年一貫課程、諸多創新課程議題以及面對十二年國教課綱，教師專業發展模式已有明顯的轉變。

由上而下的專業發展活動

　　在三十年前，學校教師以參與教育相關議題的研習或工作坊作為專業發展的活動模式。這種活動大都是中央或地方政府委託某一學校或機構辦理講座，邀請講者提供其個人工作心得和經驗，少部分則是教師在學校內觀看政府寄來的教育影帶或收看電視上的教育相關影片（例如：成長與學習），無論是講座或影片，目的在於關鍵重點式地提供教師教育相關訊息。教師被期待將這些他人心得、經驗或教育資訊轉化為自己的教育基礎知識，運用在其教育工作中。一般教師離開師資培育之大學後，除非再回到學校進修學位或學分課程，否則上述這種短時間的研習方式幾乎是教師獲得教育新資訊的方法。不過，由於這些研習活動通常都是由官方主辦，講題也多由官方規劃，往往不符合教師教學工作的需求，導致許多教師參與研習活動後，並沒有將學習結果實踐於自己日常教學活動中。

　　九年一貫課程實施之後，一般學校開始可以自己規劃辦理教師專業成長活動。此類專業成長活動通常是學校邀請校外專家或他校具有經驗的教師前來分享教學經驗，配合九年一貫課程賦予教師課程發展與設計的權力和責任，議題多聚焦在學校本位課程規劃、教學策略與評量，有些涉及班級經營與親師溝通技巧；另一種方式是各個學校依教師的任教年級和學科領域，組織學年教師教學群或領域教師教學群，小學在週三下午校訂教師進修時間，中學則安排教師共同不排課時間，依據學校擬定的主題進行討論、實作或分享。這些教師成長活動的議題多數仍然由學校規劃，有時還得應付上級交辦的主題，仍有部分不符合教師教學工作需求的情形。不過，少數學校授權教學群會議可以邀請校外教師或校內教師分享自己關心的議題，針對自己想要學習的主題進行專業成長。

教師自主參加校外工作坊

最近十年來，有些教師獲得民間組織的支援，利用假日或寒暑假開辦符合教師需求的專業學習議題之研習，動輒數百或上千人的研習活動確實引起教育當局的關注。這些活動逐漸擴散到全國各地，教育當局也補助經費，甚至到場致詞和關心。為了因應報名教師的需求，專業學習的議題愈分愈細，參與的教師學員依據學科傾向或議題傾向進行課程內容選擇，而講師大都也是在職教師。活動進行的方式除了分享經驗外，也開始以教學者的角色進行課程規劃與教學活動設計，帶領教師專業學習與成長。

此類的教師專業學習活動存在兩個問題，其一是參與的教師學員是否能將其所觀摩和學習的議題在自己的課堂教學中應用，其二是即使部分教師學員在課堂中實踐，是否能轉化為符合自己情境的教學活動。雖然主辦單位與帶領專業成長的教學者大力疾呼教師學員務必自己轉化，且鼓勵教師可藉此發展自己的教學模式，但沒有實證研究涉及這些活動的成果或效應，仍有待觀察。

學校教師內的課室觀察

上述兩種教師專業成長活動都是脫離教師自己的教學情境，既是脫離難免就會有學習心得是否實踐的問題。也因為情境脫離，教師的專業學習是否在學生學習上產生效益，也就無法確知。

在台灣早期，學校即有課室觀察的活動，行政作業上則以「教學觀摩」一詞彰顯教師可從中觀摩學習的目的。由於教師普遍認為這種教學觀摩有評鑑教學者之意，觀察者也都是針對教學者的教學行為提出建議，因此，多數教師不願意開放教室。通常學校每學年商請新進教師或資淺教師擔任教學者，由行政主管和資深教師進班觀課，美其名教師間有觀課學習之專業成長活動，其實逐漸轉變為一種行政作為。

　　教師會排斥這類教學觀摩的主因在於教學者是一位受觀察的對象，而觀察者拿著心中對課程與教學的觀點與標準檢視教學者的教學實踐情形。雖然部分學校校長或主任認為那是一種教師相互學習的活動，不過由於觀察者對於教學觀察以及回饋意見焦點相當多元，有些意見相當嚴苛，多次過後，每一位擔任教學者的教師都需要花費許多時間準備，可能也有故意安排好的師生互動，這種方式經常被批評為表面作業或演戲活動。

教師專業發展評鑑的反思

　　教育部自民國95年開始試辦「教育部補助試辦教師專業發展評鑑實施計畫」，以自願、學校申請，並與教師考核和不適任教師的處理脫鉤，也無關教師分級，目的在於了解教師專業成長的需求，並藉此由適當人員和教師共同規劃專業成長計畫，並透過參考指標的選擇，溫和漸進地協助教師專業成長，再藉以提升學生學習成效。

　　在推動初期，申請辦理的教師以都會區學校較多，一般地區和偏鄉地區較少，之後各地區均有一定學校數與教師參與。參與教師開始依循計畫內容，逐步認證成為初階教師、進階教師以及教學輔導教師。不過，部分學校教師在參與一、兩年後申請退出，認為與實際的課堂教學沒有關聯，產生的壓力比學習獲得要高，但仍有學校和教師持續加入中。當發展教師專業發展評鑑的學者與積極投入教師均認為理念可行，也透過各種方式鼓勵教師參與，卻在105年辦理十年後轉型為「教師專業發展支持系統」，部分原因在於教師投入並非其日常教學活動，甚至僅是為了因應計畫需求而短暫時間的投入，也沒有因參與計畫而改變其課堂教學的習性，導致部分教師團體認為沒有實質效益，要求停止。

　　以評鑑的定義而言，評鑑即是有蒐集資料進行價值判斷之意，為求精準判斷，指標或標準必須要明確。即使早已宣稱教師可以自願參與評鑑、與考核和不適任教師處理脫勾以及無關教師分級，但是，評鑑畢竟是一種標準

與表現的對照，過度使用標準指標就可能忽略教室內的複雜情境，也可能侷限教師教學設計的想法，對一個已經具有教學專業的教師可能無法滿足其教學理念發展所需。反過來說，教師應有教學專業責任，也應顧及教學基礎品質。專業指標本可運用在實習教師的專業檢視，以及初任教師的招考以確認基礎教學專業，而對那些專業不足的教師，使用教師專業指標可以找出需要協助之處，透過指標的導引以及教室觀察與會談，確保教學專業品質。

當前支持教師專業發展評鑑的人和反對者各有其論述，其論述觀點也相當多元。若以學理基礎思考，「專業發展評鑑」是藉由自評或同儕評鑑，協助教師確認優先需要成長的內容，進行教師專業成長計畫。而此教師專業成長計畫是否執行完成與是否具有成效，需要蒐集和分析相關的證據與資料，包括：觀察教學表現、評量教學檔案，以及檢視學生作品、學習表現等方式，來客觀評估教師專業成長的成效。

即使教師專業發展評鑑的運行方式已經與早先那些脫離教學情境的成長方式有所不同，已經涉及到教室內的教學實務，基本理念也相當清楚，且有部分教師參照指標與方案積極投入，也著實改變其教學實務和顯現教學志業成長效益；不過，根據我的訪談與問卷調查，亦有部分教師無法感受到知識學習的歷程與價值，也知覺教師專業發展評鑑對其平日教學的助益不大，便多短暫應付。我再針對參與者和非參與者進行問卷調查與決定參與因素之比較，我發現教師個人是否具有接受挑戰的特質、對方案理念與其實施方式是否有誤解或認同，以及學校課程領導者的引導策略與支持都是影響因素。不過，不管什麼因素，當任何教師專業發展方案無法改變教師教學習慣，該方案便無法長期運作。

教師共備觀議課理念的興起

台灣這幾年來，許多學校自發性地應用日本「授業研究」（lesson study）之專業成長模式提升教師的專業。授業研究的主要推展策略是以一

個「學習單元」爲中心，其內涵爲：共同備課（collaboratively planning the study lesson）、公開觀課（seeing the study lesson in action）、（集體）議課（discussing the study lesson）、修訂單元課程（revising the lesson）、教授修改的課程（teaching the new version of the lesson）和對新版課程分享省思（sharing reflections about the new version of the lesson）（Fernandez & Yoshida, 2004, pp.7-9）。若以授業研究發展教師教學實務與提升教師教學專業，教師共同備課、公開觀課與集體議課便是一個重要的知識相互學習歷程，教師在共同分享與討論教學實務的問題中，進而提升自己的教學專業，並改善學生的學習品質。簡而言之，一個學校的教師們可以組成學習社群，藉由一起設計課程內容和教學活動，並由一位教師擔任教學，其餘教師協助觀察，之後再一起檢討原有的課程與教學設計，思考自己的教學實務知識，逐漸提升自己的教學專業。

不過，這種以教師同儕爲專業社群、以教學實務作爲專業分享與討論內容的方式，不一定獲得多數學校與教師的跟進。原因在於教師需要開放教室，公開其教學實務，即使教師已被告知提供觀課機會並非教師評鑑，但內心的焦慮幾乎阻礙了參與教學實務分享的意願，將自己的教學仍孤立於個人教室中，不願或有所懼地進行個人的公開觀課。若教師不願意公開教室接受同儕教師觀課，便僅能依賴教師的自我教學省思；或是在相互觀課時未充分記錄，在課後討論時未深入分析與討論教學實務，甚至在議課時，心想提出意見可能傷害同儕教師的情感，最後僅爲表面地提出幾點讚美，這均無助於提升教師的教學專業。

有許多因素影響教師共備觀議課的進行，我曾設計許多研究探討教師接受度的議題，發現學校組織文化、教師對觀課目的之理解、教師同僚性以及教師個人效能都是影響因素。因此，在推動以教師共備觀議課進行教師專業成長仍有許多阻力。

應發展符合當前教育需求的教師專業成長模式

教師對於各種專業成長的理念之接受程度不一，受其教學知識、經驗與信念的影響。部分教師會採用某一種理念（例如：教師專業發展評鑑、學習共同體……）促進自己的專業成長。不過，我這幾年的觀察，也發現少數教師僅用一種教學理念，甚至未經探求學理基礎，僅以模仿其步驟或以呈現結果性資料爲目的，這對專業成長成效可能有限。

台灣目前的教育體制仍脫離不了考試制度，畢竟在短時間內多數人要爭取少數位置時，以考試測驗方式是一種避免不了的作法。另外，十二年國教課綱總綱以核心素養爲架構，核心素養之意圖在於培養學生面對現在與未來生活挑戰的知識、能力與態度。若將考試制度與核心素養結合，亦即未來的考試測驗將以核心素養爲測驗設計基礎，檢視這兩年的考試測驗題目，已經略有以核心素養爲基礎的題目。另外一種說法即是，以核心素養的考試測驗引導教師教學，這似乎值得討論，如果藉此改變教師的教室教學型態，教師教學設計亦以培養學生核心素養爲重點，對學生面對未來生活挑戰應有助益。

再者，這十年來，許多企業擺脫純爲競爭的經營管理模式，企業之間相互分享價值，創造更大的利益，這種協同共享聯盟的理念逐漸在經濟體中發酵，也可能帶入學校教育中。教師們若能分享各自的專業作爲，相互學習，亦可以創造更大的教育利益。

從上述的觀點而論，台灣教師應發展出符合當前社會需求的教育理念與教師專業成長模式。就以協同共享聯盟的理念而論，教師們可以組成教師專業社群，以共備觀議課的歷程，再以培養學生核心素養爲目標，協同共享，發揮集體智慧，不僅能夠促進學生在學習測驗上的學習成效，也可以培養學生未來生活挑戰的知識、能力與態度。

第二節　教師共備觀議課模式的學理與概念

　　教師共備觀議課是基於協同學習的學理基礎，再追溯到原點即是維高斯基（Lev Vygotsky, 1896-1934）的近側發展區（the zone of proximal development），即是「學習者現時及實際可達到的發展之差距，這個差距是由學習者的獨立解題能力及其潛在發展水平而決定的。」教師可以透過共同備課、相互觀課和集體議課時的觀點分享，刺激思考，在各自的近側發展區內發展自己的教學觀點。

教師教學知識成長的學習觀

　　一個人若僅「接收」他人訊息，僅可稱為接收資訊而不是獲得知識。資訊是沒有經過情境詮釋、沒有實際應用與省思的作用，如此資訊接收的結果不能稱為知識。知識是自我建構而來的，建構是一種自我進行資訊處理的歷程，透過本身已經具備的「基模」去「同化」、去擴大解釋（請讀者自行參照建構理論的專書），亦即以自己的先備知識為基礎，在各自的近側發展區內發展自己的觀點。

　　教師的教學知識學習也是基於知識建構論，教師需要將核心素養、學科內容與教學方法進行詮釋（例如：學科內容如何轉化為適合自己學生的教材內容、什麼屬性的教材內容適合何種教學策略），並透過實際教學應用，再於教學後自我省思，進而獲得課程與教學相關的知識，這與僅聆聽講座獲得的資訊更有實務性的價值。

　　然而，一個教師的思維有限，教學省思也可能有些疏漏，教師若能組織社群，相互對話、相互刺激思考，省思的範圍會擴大，知識獲得的成效也會更高。

　　基於上述觀點，教師的教學知識學習應該在教室中、課程實踐中以及相

互對話與省思中。教師先詮釋自己的課程內容與教學方法，再設計符合自己教學情境的教學活動設計，如此已經自我建構自己的教學觀點；再透過教師相互觀察與課後的集體對話與省思，這種對話與省思即是一種社會建構的歷程，教師在不同觀點上相互對照與比較；最後可能調整原有觀點，內化到自己的心智中。如此，教學知識便在此歷程中逐漸增長，教師共備觀議課的意義就是一種教師教學知識自我建構與社會建構的學習觀。

學生學習成效多是學生認知上的改變，不是教師教學行為的評價

早期的教學觀摩或教學演示，觀課者多坐在教室後面，關注教師的講解、示範、媒體操作以及和學生互動之行為，然而，這種觀課方式對了解學生學習困難沒有多大幫助。

教師教學的目的一定是在學生學習的成效上，絕非教學行為的演示，既是如此，我們應該在觀議課時多關注學生的學習。因此，觀議課時應該聚焦在學生認知歷程的變化，若僅是觀察教師行為，即使教師教學具有創意、鼓勵學生回答問題的獎賞制度極佳，學生的學習成效仍無法從中得知。

再者，學生學習成效會涉及學生的認知歷程，教師觀察學生學習時，應多從學生行為推論到學生的認知歷程，例如：學生表情呆滯可能是沒注意聽講、學生專心聽講卻不會寫習作，這可能涉及學生的先備知識不足。

即使學習目標包含認知、技能與情意等三個面向，除了認知面向外，技能與情意的表現也會有些許認知的成分，如此說來，教師在判斷學習成效時，應該多關注學生認知歷程與認知上的改變。

教師共備觀議課是基於教師協同學習的理念

教師教學專業多基於協同學習的理念進行發展，較少以合作學習為基礎論點，反而是學校行政事務才比較像是合作學習的展現。合作學習經常被定

義爲一系列學習的過程，在其中，小組成員一起工作，依據個人所能發揮的特質分工，所有成員均能發揮所長，完成任務或產出一套特定的結果；而協同學習是基於成員間的互動與分享，對自己責任和學習需求產生進一步的理解。雖然兩個名詞經常被交互使用，兩個理念也有重疊之處，但其核心點之差異在於：合作學習強調個人對團體的貢獻，以團體任務評估成效；協同學習在乎相互協助，以個人產出爲成效目標。

以教師教學工作而言，教師被賦予某個班級某個科目的教學責任，這班級科目的教學通常僅會由這一位教師負責，這位教師可以和其他類似科目的教師相互討論，相互分享其具有價值的教學觀點，聆聽之後再調整與精緻化自己的教學設計，再各自回自己班級追求高品質的教學成效；以學校行政工作而言，要辦理或執行一個活動計畫，通常需要教務處、學務處、總務處等單位一起分工合作，各司其職，各發揮所長，最後完成活動計畫，個別部門貢獻團體責任，不強調哪一個部分的績效。

教師以共備觀議課爲專業成長模式是以協同學習理念爲基礎，基於教師自己的專業能力與責任，在社群互動（共同備課、相互觀課和集體議課）中相互協助、相互刺激思考，最終在實踐自己的教學責任中成長。然而，協同學習理念也隱含教師專業自主的價值，亦即教師間的互動不一定強調共識，即使相互聆聽與相互學習，仍有教師自己決定是否採納其他教師的觀點。

共同備課

共同備課是教師們共同思考學習目標、發展教學策略、設計教學活動以及編制教學素材或資源準備，也針對學生可能遇到的學習困難與問題共同思考，提出合適的教學策略和所需要的資源。共同備課的優點在於教師們運用共同的語言，以非會議形式且較爲輕鬆的討論氣氛相互分享自己對單元教學的想法，在此過程中，教師需要分享與開放自己，並接受可能不同的想法。

共同備課者是否教授同一年級同一學科經常被提出來討論，以較多班級

數的學校而言，若同一年級同一學科的教師能共同備課，更能深入了解教學活動的脈絡，在同儕觀課時比較能夠聚焦在教學關鍵活動，了解課堂觀察的重點。而在實際觀課與課後討論後，觀課者可以藉此修改教學方案，對新的班級學生實施教學，學生學習成效更易達成，對教師的教學專業成長更有幫助。若是較少班級數的學校，可能單一學科任教教師僅有一位，在實施上可能得和鄰近學校教師合作，存在些許困難。

　　不過，上述的觀點是以學科內容為焦點思考，若將教學情境擴大到教學策略、學生表現或是情境察覺，則並不受限於同一年級同一學科的教師。教師教學的目的很多，教學專業能力需求也不同，若先設定共同備課的主題，可以發展的空間很大。

公開觀課或相互觀課

　　在當前的教師專業成長議題中，有人稱公開觀課或公開授課，我建議可以用「相互觀課」進行思考。原因在於「公開」兩字相對著早先「封閉教室」的教學型態，即使「公開」有其哲學思維，但以當前台灣教師由早先的「獨力教學」要轉變成「教師協同」而言，「公開」有著讓教師擔憂教學情形不佳被揭露的想像。何況，以協同學習的學理基礎而言，本就是教師相互協助觀察，因此，「相互觀課」比較符合當前台灣的教育情境。

　　教師相互觀課是指一位教師授課，其他教師協助觀課。教師觀課的目的很多元，不同目的即有不同的觀課形式和記錄方式。本書認為教師相互觀課的目的是在於詳實記錄學生學習狀況，以供教師同儕共同討論，促進教師的教學專業知識的改變，而非在於評鑑教師的教學成效，也非僅是討論教師的教學行為。協助觀課涉及到一個教師觀察者的教學專業與觀察技能，藉由此技能觀察教學者的教材設計與教學表現，提出教學行動與學生表現的關聯，再藉由多角度與多面向的觀察，記錄學生的學習狀況，提出改善教學的具體建議。為避免觀察者缺乏觀課經驗、觀察失焦或觀察項目與授課者的教學落

差過大，授課者在上課前可簡單地說明觀課原則與內容，提醒觀課倫理，強調不針對授課教師的教學行爲進行評價，而是關注學生的學習狀態。但若是教授同一學科同一單元的教師，在共同備課時便已提供充分的訊息，觀課效果可能會更佳。

在觀察內容資料的蒐集上，會有質性和量化資料的蒐集技術。當要記錄特定事件出現的次數或比率時，可以運用結構性的紀錄（記分）系統將特定事件的發生轉化爲數字，再運用量化統計方法進行分析；而當要對特定事件發生的脈絡進行深度且完整地了解，即蒐集文本資料、口語資訊以及觀察紀錄，再運用類別分析與資料詮釋。至於選用哪一種資料蒐集的技術或是課堂觀察的內容焦點，將會因爲觀察的目的有所不同。

觀課目的若是關注教師的教學行爲，藉以評估教學者的教學成效，就可能會產生觀察者與被觀察者權力不相等的現象。因爲觀察者在觀課時蒐集教師表現資料作爲專業對話的證據，其次，觀察者可能以自我意識或是以某種參照指標和一系列的表格欄位將教師表現證據進行歸類，並藉由指標和實際表現的差異指出優缺點與評比，再進一步提出未來教學的建議。然而，教室內教學情境相當複雜，學生表現也相當多元，沒有一位教師可以完全掌握學習脈絡，觀課者不會比教學者更熟悉教學脈絡，但卻由觀課者依自己的意識或解讀指標內容進行觀察以及提出建議，如此便會有權力不相等的情形。

如果教師相互觀課是基於協助教學者發現學生學習良好表現與學習困難之處，就轉變成教師協助者的角色，亦即幫忙教學者蒐集學生學習情形與表現資料，包含學生的眼神、表情、肢體、發問、回應、書寫、練習以及同儕互動的行爲表現，特別是觀察學生學習困難之處，並且從中了解學生對教材的理解程度。教學者可以呈現自己的教學理念，觀課者也可以依自己的教學理念記錄自己所看到的現象，大家再一起討論，也可以相互學習，權力相當。

然而，判斷學生對教材理解情形以及藉以提出教學策略，得要觀課教師有類似教學實務的知覺，亦即教師若欠缺可以對照的教學知識，便難以提供

合宜的觀課紀錄與觀點。另外，一個班級的學生太多，有時候只能選擇少數人或一兩個小組，或選擇學生學習困難處進行觀察紀錄。

集體議課

集體議課是於授課結束後，授課教師說明自己的課程設計理念在教學實踐的過程，而觀課教師提出自己所看到的學生學習歷程，並共同討論教學實務。此理念是基於教師相互聆聽與專業對話，教學者和觀課教師也可以思考自己平時的教學，增長自己的教學專業。這種聚焦在教學實務的對話，觀課教師可以協助教學者蒐集學生表現資料。相對地，教學者也可以從中知道為何這些教學策略在特定的脈絡中得以具有成效的原因，藉由這些教學實務的商議，喚起大家平時教學時的經驗與困難，共同討論因應策略，協助所有教師（教學者與觀課者）未來選擇課程目標與教學策略時做出合宜的決定。而在共同檢驗與反省教學實務過程中，雙方均涉入知識的自我調整與知識的建構，進而促進了教師的專業成長。

在議課時，一個良好的對話起源於對教學實務問題的詢問與討論，再逐漸抓取一個想法，深度地省思自己的想法與實務。而這種相互分享，產生了比自己先前更多元的教學觀點，也促進了教學現象的理解，並在經驗、反省與自我改善的歷程中提升了自己的教學專業。

例如：一個教學者在教學過程中讓學生小組上台發表，觀察者察覺第一組報告時，第二、三組都沒聆聽，原因在於他們正在思考著上台報告的內容。當觀課者提出這個現象，包含教學者與所有參與觀課者都可以思考平時的教學經驗中是否也存在這些現象，再共同討論面對這種現象的教學策略，並將討論結果帶回自己的班級試驗。這種同僚教師聚焦在學生學習表現的研討，包含學生學習成功與失敗之處以及觀課者的心得產出之歷程，可以讓教師們透過課程慎思與對話，提升教師教學專業，也可以借鑑其他教師的方法，反映在自己的教學實踐中。

　　議課討論可以區分爲三種程度或階段：1.描述與分享：觀察者輪流描述在觀課時所看所聽的內容，以及對所觀察的內容建構意義，包含觀察對象、行爲次數、細節內容以及詮釋內容的意義；2.省思與推論：教師提及教師教學與學生學習的關聯，亦即從某種教學原則、學生學習行爲、自身經驗，對照教學者教學或學習者學習行爲，或從教學的諸多資料推論各種表現的原因；3.提出策略與應用：提及後續調整或可以於下次應用的具體教學策略、觀點和精緻化教學策略。

　　議課比觀課重要，教師議課不在於對教學者提出建議，是透過學生表現的討論，大家集思廣益，提出因應策略，教師議課是教師專業知識學習中相當重要的階段。

可能的問題

　　部分教師可能對共同備課有所誤解，受到「共同」兩個字之字面意義的影響，認爲是教師一起產出一份教學設計或教案。如同先前所述，基於協同學習的觀點，教師進行共同備課時不需要產出共識，亦即各自就自己的教學內容提出分享、相互刺激思考。教師教學風格與學生特質各有不同，若要求教師產出共同性教案或要求其他教師一定要接受某種特定的觀點，可能會讓部分教師不願意參與。

　　相互觀課時若過度聚焦在教師行爲，或以某個標準檢視教師教學歷程，這可能會導致教師的教學缺乏創意，也因爲擔心教學表現若不同於指標內容，可能獲得較低的評比，因此，產生焦慮或不願意開放教室。不過，如果沒有觀察向度，教師可能失去觀課焦點。課堂觀察是需要訓練，不是隨意或非正式的觀察。課堂觀察要能成功，因素在於參與者要能真正涉入學生的整體學習過程、誠實的回饋與自我反思，包含學生在學習目標上的表現，盡可能地精確地記錄和關注重要的內容。如同備課一樣，教師專業知識的學習是教師自己建構的，不是從他人之處模仿來的。這也表示教師議課時不需要產

出共識，是教師間相互聆聽、刺激自己思考，而自己在議課中獲得成長。不過，如果參與者缺乏教學實務知識，可能在議課時所提出的回饋多是教學技巧，而非可以促進學生認知改變的教學策略。議課者要對學生學習什麼、如何學習，細節包含解釋、推理、同儕對話等對學習過程需要整體理解，這也需要訓練才行。

　　因此，教師進行共同備課、相互觀課與集體議課以提升教師教學專業，在細節上仍需要有一些配套做法，例如：教師教學是否呈現教案、觀議課的關注焦點，以及是否基於專業學習是自我建構的歷程去強調教師專業自主權。

第三節　以學生學習表現為焦點的共備觀議課模式

　　先前略提，任何一種教師專業成長模式，如果要成功，需要讓教師形成一種價值信念，認定對教育有利，願意至始至終為其努力，成為一種日常習慣。當教師缺乏價值信念，可能就會僅是為了因應要求而短暫時間的投入，也不會因參與而改變其課堂教學的習性。當無法改變教師教學習性，便無法長期運作，最終還是會失敗。

　　我曾對全國中小學教師進行抽樣問卷調查，90%以上的教師都願意為學生學習而改變。另外，我也曾觀察過許多教師，學生具有學習成效後，臉上喜悅的表情是其願意再度改變自己教學的動力，而再訪談教師對政策或對學生而付出之選擇時，幾乎所有教師都選擇為學生而努力。亦即，如果教師共備觀議課的焦點是學生，便有可能讓教師沉浸在同儕協同學習中。我以此為主題申請一個科技部專題研究計畫，進入一所學校進行教師共備觀議課的長期研究，發現當焦點聚焦在學生時，教師共備和議課時的討論便能持久，若焦點在於教師，則討論時間很快就會結束。

　　上述這些觀點對教師專業發展的改革似乎有了啓發，把焦點放在學生學習上的共備觀議課可能促進教師的對話討論與專業回饋，並進一步相互學習與專業成長。

◉ 以學生的學習需求作為共同備課的起點

　　教師如果具有些許教學經驗，再謹慎察覺學生表現，便可以輕易知覺學生學習需求，例如：某些核心知識總是不甚理解，某個議題的學習總是有些迷思，或是某個認知策略運用總是達不到教師的期待效果，這些即是學生學習的需求。從學生學習困難思考是教師共備觀議課中一個好的起點。

　　教師打開教科書，檢視核心知識，自己可以回想或透過同儕教師的分享，知道學生在這個核心知識上的學習情形，例如：爲何學生總是搞不清楚「平原」和「台地」的不同？爲何學生總以爲底面積就是柱體與桌面接觸的那一面？爲何教師明明都講過了，學生總是學不會？

　　另外，學生需要學習高層次思考以面對未來的社會，他們需要溝通協調、團隊合作、創意思考以及科技應用，教師要思考如何培養學生這些能力？如何轉化課程內容爲教學活動，讓學生有高層次能力的表現？

　　學生學習需求涉及學科知識、學習策略、學習評量以及高層次能力的培養，教師共備課時可以思考自己班上學生在某個單元學習中的可能表現情形，再與其他教師共同討論。如果藉此把學生教會了，教師的專業知識也成長了，更重要的是，教師體會到共備課的價值，便會繼續投入教師的共備課中。

◉ 以記錄學生多元的學習表現確認學生的學習情形

　　每一位學生都會遭遇學習上的困難，多數學生僅知道自己學不好，卻無法察覺自己的困難所在，這包含課程內容知識的連結、學習認知策略的應用以及從學習結果去省思學習過程的方法。更關鍵的是，多數教師在教學時，

僅有少數的心思在關注學生，多數思緒用在思考下一步要說什麼、做什麼。我經常進班觀課，總是發現到有些學生在教師講述教材時，玩弄桌上的教具或文具，或在小組討論時，部分學生根本沒有開口說話。因此，觀察者進班協助教師觀察學生的學習表現是可行，甚至是必須的。

觀察者協助記錄學生表現時可選擇一位或一組學生深入且長時間的觀察，原因在於單一筆學生表現訊息可能會誤判，聚焦在一位或一組學生，並記錄他們在「不同時間的行為表現」，多方資料檢證以便察覺學生的表現情形。除了可以回應共備課時教師所提出的學習需求外，也可以再度發現學生的需求或學習困難。

觀察焦點是以學生為主，但並非不觀察教學者。已是教師的觀察者，只要稍微看一下教學者的行為、聆聽一下教學者的語言，便可以知道教學活動的流程，並不需要長時間將焦點置於教師身上，倒是學生表現多元且常有令人意想不到的行為，學生才是觀察者的焦點。

簡單來說，教學觀察時，多數時間停留在學生身上，多次記錄學生在不同時間的表現，綜合對比與判斷，一起思考學生學習得好或學習不好的原因，再於議課時進行對話討論。

以促進學生認知改變作為教師共備觀議課的核心

如前所述，在大部分知識內容的學習中，學生的學習成效多是認知上的改變，因此，教師在教學中應多了解學生的學習認知歷程。

許多教師開始進班觀課、記錄學生的學習行為以及課後討論觀察紀錄，根據我的研究觀察，部分教師比較在乎學生表面行為的開展或收斂（例如：上課是否吵鬧、講話是否舉手……等），較少關注學生對某個知識內容的認知理解情形。學生行為的開展或收斂並非不值得記錄，然而，學生認知歷程的改變才是確認教學成效的重要資料。

教師可以透過觀察學生聆聽的表情、觀看習作或學習單的書寫內容以及

聆聽學生討論對話的聲音，綜合判斷學生對於知識內容是否理解、在哪一個環節出現困難，再於課後議課討論因應的教學策略。

另外，筆者也發現，許多教師觀察教師教學時，大都會在乎教學者的教學技巧，例如：加分機制的細節、科技設備的使用、學生討論的程序等，這些雖然是教師教學情境掌握之相當重要的技巧，但我也建議觀察教學者應該多了解學生認知運作後的產出結果（特別是書寫和對話內容），藉以綜合判斷教師教學與學生學習成效之間的關係。

以學生的學習困難作為調整教學策略的基礎

議課比觀課重要，因為議課是觀察者記錄學生在不同時間的表現進而綜合判斷成因，以及討論後續教學策略的重要時機，也是所有參與教師可以共同學習學科知識、教學策略以及因應學生學習困難的改進措施的時間。

教師議課時通常是每個人先行描述學生表現的紀錄，再詮釋學生表現的意義與解釋這些表現的原因，最後依據個人的教學實務知識提出因應的教學策略。教師議課的最終目的不是協助教學者專業成長，也不是建議教學者後續教學策略，而是每位教師透過集體議課，集思廣益，針對學生的學習表現進行討論，再思考自己教學時應該如何處理。因此，教師議課的結論不需要共識，交由教師自己判斷決定。

如同先前所述，議課時討論學生表現，觀察者需要充分地描述學生表現、推論原因並提出自己認為的調整策略，這是觀察者的責任。從另外一方面來說，如果每位觀察者均投入心力觀察學生，之後，再從學生表現討論教學策略，教學者就較少有被觀察與被討論的感覺。不過，我對教師訪談的結果顯示，即使觀課者所談論的議題都是學生，部分教學者仍會有感覺是自己被談論，因為他們強力認為學生表現是教學活動的結果。校長或主管們需要不斷說明，影響學生學習因素相當多，也沒有一個教學活動是理想和完美的。拿完美看事情一定會看到問題，拿理想去評論一定可以找到缺點，自

己是如此，他人也是如此，當彼此都有此知覺，那種被談論的感覺會逐漸消失。

　　教師議課是教師學習與教師專業成長的時間，教學者和學生只是提供某一個教學活動的教學演示，讓所有參與教師觀察並學習遷移至自己平時的教學經驗。因此，教師議課不只是教學者的學習時間，是所有教師的學習時間，也是教師專業成長的重要時間。

小　結

　　這三十年來，台灣面臨兩次重大的教育改革，第一次是九年一貫課程，不僅將課程標準改成能力指標，也賦予教師調整課程內容的權力。其次是十二年國教課綱，能力指標調整成核心素養，教師更需要具備核心素養轉化為課程內容與教學活動的能力。然而，多年來跟隨教育改革的教師專業發展模式，雖然文字上均略提及學生學習成效，卻較少提出如何讓學生改變（特別是認知上改變）的教師專業發展歷程。

　　所有教育都是為學生，不管哪一種課程內容，學生具備學習成效永遠都是教育的第一個目的，教師專業發展模式也要以學生學習成效為核心價值。再從教師心理層面而言，當學生學習具有成就感，也就是教師專業學習的動力來源。再比較早先時期的教師專業發展模式，以關注學生學習表現之教師專業成長模式會讓教師願意積極投入。

　　不過，教師教學文化和教學習性要改變仍然不容易，不確定性和不安全感即是教師對新專業發展模式的影響因素。當教師可以接受以學生學習表現的教師專業發展模式時，我們需要做的是，先讓教師體會到價值，勿以完美和理想評論學生活動與教學行為。當教師知覺共備觀議課的協同學習之價值後，再進一步地針對學生學習表現相關聯的學科內容與教學策略深入討論。需要多加注意的是，是以學生學習表現看待教學活動，而不是以某個表現標準評論教師的教學行為。

　　學校需要發展教師專業成長的策略，校長與教務主任需要布局，用謀略成事，這也是管理者重要的思維。教育改革要成功，教師專業知識要跟得上，而教師專業知識發展要成功，建立價值信念與逐步引領的策略相當重要。

　　然而，本書還是要提醒教師與讀者，沒有一套模式可以完全適用於改變學生學習以及教師專業發展上，任一種論點都有其發展的情境脈絡，無法一體適用。本書僅以十二年國教課綱之核心素養為論點發展的基礎，再以教師協同學習的理念發展教師共備觀議課的作法，將學生學習成效與教師專業發展相互連結，最後系統性地提出本書各章節的內容。

本書介紹

　　本書以素養導向之教師共備觀議課為核心內容，在細節上，以關注學生核心素養之學習內容與學習表現為焦點、以協同學習理論為基礎、以教師教學專業知識是在透過教學實踐以及和他人對話中獲得為理念、以教師共備觀議課為模式，再以教師邏輯系統地自我敘說「把學生從不會教到會」的「教師教學策略改變的歷程」為評估教師專業成長的方法，具有邏輯系統地描述與建立「教師專業成長是建立在學生學習成效上」的觀點。

　　本書第一章提及早期教師專業發展方式在實務上的問題，再以知識學習的學理基礎，提出教師共備觀議課對學生學習的價值；第二章說明十二年國教課綱之核心素養的內涵，包含學習內容與學習重點，也提及素養轉化為課程內容與教學設計的方法，以及評估學生學習素養的設計；第三章指出教師進行共備觀議課是教師間的協同學習，教師的教學文化與個人知覺是共備觀議課的影響要素，細節上從學校組織氣氛、教師心理因素、學習風格、壓力與自我效能，提及這些組織與個人因素對教師共備觀議課的影響；第四章提出共同備課要能成功的關鍵要素，是教師需要先自己備課再共同備課，只有自己備課、自己產出想法，才能在共同備課時相互分享與相互刺激思考，

產出價值。此章內容說明著自己備課的內容，包含核心素養的學習內容、學習表現以及教學策略的分析與產出；第五章則提到教師共同備課的細節與作法，並期待教師能藉由共同備課體會到教師發揮集體智慧的價值。此章也提及「主題式的教師共備觀議課」之概念，以某一特定主題爲焦點，協助學校教師可以很快地了解共備觀議課的內涵與價值；第六章是指觀課的程序，包含說課、向學生說明、觀課禮儀、觀課內容與紀錄，更重要地，如何評估學生學習表現；第七章強調一個觀點，亦即觀課後一定要議課，觀課時一定要充分記錄與分析，如此教師便能在議課時充分討論學生表現與教學策略。教師集體議課是教師專業知識學習的重要階段，此章也說明了集體議課要注意的歷程；第八章指出教師需要藉由共備觀議課探究教學實務，這包含教學前需要集體分析學習內容與探討教學策略的應用，這可以讓教師避免花了一些時間進行教學與省思後，才發現所發展的專業知識早已是在書籍或文獻上記錄的內容；教師也可以透過探究教學實務和撰寫教研論文，呈現一個教師社群如何投入改善學生學習品質的歷程。此章節也提及了探究教學實務以及撰寫教研論文的方法；第九章則以「校長是棒球球隊總教練，不是選手，但需要讓選手知道總教練懂棒球」爲比喻，提及校長雖然偶而需要示範教學，但不要去想如何產出模範教學，或不要僅以身先士卒的理念，而是在每個階段參與，除了參與外，也要在參與過程中讓教師了解箇中的意涵，引領教師體會共備觀議課的意義，進而改變學生學習成效與自己專業成長學習的價值。此章也提及學校教師專業上的差異、抗拒，以及校長應有的課程領導作爲；最後一章第十章則指出各縣市政府教育局處是學校教育改變之協作者的角色，學校教育要能成功，教育局處和學校若僅處於上級與下屬關係，或想以行政思維改變學校教師，效果一定有限。教育局處和教學輔導團員除了要充分理解共備觀議課的理念外，要提供學校教師外在資源，也要建置足以讓教師產生內在動機的環境機制。

參考文獻

Fernandez, C. & Yoshida, M. (2004). Lesson study: *A Japanese approach to improving mathematics teaching and learning*. Mahwah, NJ: Lawrence Erlbaum.

第二章

關注學生核心素養表現

　　素養，即是人們真實生活情境下可以運用的能力。在一百多年前，人們的素養是「聽、說、讀、寫、算」能力，這即可應付一般生活情境所需；但是在當前與未來的社會中，人們需要與他人溝通協調、團隊合作，要能具備美感與科技素養，並且能夠理解社會、分析情境進行創意思考與解決問題。因此，當前的素養已經被發展更高層次的生活能力，十二年國教課綱總綱提及三面向九項目的素養內容（教育部，2014）即包含：

1. 「A自主行動」：「A1身心素質與自我精進」、「A2系統思考與解決問題」、「A3規劃執行與創新應變」；
2. 「B溝通互動」：「B1符號運用與溝通表達」、「B2科技資訊與媒體素養」、「B3藝術涵養與美感素養」；
3. 「C社會參與」：「C1道德實踐與公民意識」、「C2人際關係與團隊合作」、「C3多元文化與國際理解」。

　　要培養學生具有素養，需要教師能夠將素養轉化為課程內容與教學活動。學生在接受教師的課程與教學活動後，能獲得適應現在生活及面對未來挑戰所應具備的知識、能力與態度，以便回應個人或社會生活情境的需求。若將諸多素養中選擇最關鍵的、最必要的、最先要具備的，即是「核心素養」。簡單來說，型塑學生核心素養即是培養學生為適應現在生活及面對未來挑戰，所應具備的、且最先需要的知識、能力與態度之整合性能力。

　　台灣預計108學年度開始實施十二年國民基本教育課綱，其總體課程目標為啟發生命潛能、陶養生活知能、促進生涯發展以及涵育公民責任。為落實十二年國民基本教育課程的理念與目標，茲以「核心素養」作為課程發展之主軸，以裨益各教育階段間的連貫以及各領域／科目間的統整。核心素養包含學生的「學習表現」與「學習內容」，當教師開始啟動以共備觀議課模式促進教師專業成長，宜多關注學生在「學習內容」上的「學習表現」，才能了解核心素養被型塑的情形。

　　當前與未來的社會一定非同以前，學生面對的生活挑戰多元且複雜，教師需要體察這些事情，進而思考在課程與教學設計上進行改變。其次，教師在課程與教學實踐中也要能察覺學生核心素養的表現情形，亦即學生是否具備素養內含的知識、能力與態度，教師才能知道學生是否能適應現在生活及面對未來挑戰，這是當前教師應該要有的知覺與任務。

第一節　解讀領域核心素養

　　與九年一貫課程的「基本能力」或更早的「學科知識標準」相比較，核心素養涵蓋更寬廣和更豐富的教育內涵，核心素養的表述可以彰顯學習者的主體性，強調其與情境結合並在生活中能夠實踐的特質，而不以「學科知識內容」為學習的唯一範疇。

　　為了更了解核心素養的內容，課綱則再考量領域／科目的理念與目標，結合或呼應核心素養具體內涵，發展與訂定「各領域／科目之核心素養」及「各領域／科目學習重點」，各學習領域綱要與核心素養相對應的學習重點再包含學習表現與學習內容。然而，各學習領域部分屬性不同，會發展出更細項內容或再分類別陳述。教師若要了解任教學生階段、年段或年級與學習領域中的核心素養，首先需要檢視符號代碼，符號代碼顯示學習領域和學生年段年級的資訊；若教師需要以核心素養轉化為課程內容與教學活動設計，則需要關注學習表現與學習內容。

核心素養的符號代碼

　　教師可以瀏覽十二年國教課綱官方網站或翻閱與課綱相關的書籍，了解領域核心素養的符號代碼與更細項的內容。以數學之其一核心素養為例：

　　數-J-A2具備有理數、根式、坐標系之運作能力，並能以符號代表數或幾何物件，執行運算與推論，在生活情境或可理解的想像情境中，分析本質以解決問題。

　　其中符號代碼第一個字「數」是指學習領域「數學」，第二碼「J」是指國民中學階段（另外，E是指國民小學、S-U是指普通型高級中等學校教育、V-U是指技術型高中），第三碼「A2」是指「A自主行動」面向的「A2系統思考與解決問題」之項目。

　　再者，教師可以檢視各領域課綱附錄內的「學習重點」。學習重點即是以某個核心素養，把其建議的「學習表現」和「學習內容」陳列出來。再以「數-J-A2」的核心素養為例，如表2.1。

表2.1　**數學領域核心素養、學習重點、學習表現與學習內容對照之實例**

數學領域學習重點		數學領域核心素養
學習表現	學習內容	
a-IV-1　理解並應用符號及文字敘述表達概念、運算、推理與證明。	A-7-1　代數符號：代數符號與運算；以代數符號表徵交換律、分配律、結合律；以符號紀錄生活中的情境問題。	數-J-A2　具備有理數、根式、坐標系之運作能力，並能以符號代表數或幾何物件，執行運算與推論，在生活情境或可理解的想像情境中，分析本質以解決問題。

　　以學習表現而言，第1碼為「表現類別」，以英文小寫字母n（數與量）、s（空間與形狀）、g（坐標幾何）、r（關係）、a（代數）、f（函數）、d（資料與不確定性）表示。其中r為國小專用，至國中、高中後轉換為a和f。第2碼為學習階段別，依序為I（國民小學低年級）、II（國民小學中年級）、III（國民小學高年級）、IV（國民中學）、V（普通型高級中等學校）。第3碼為流水號。教科用書在同一學習階段可以不依照流水號順序編寫。因此表2.1的學習表現是指「代數→國民中學→第1條」的學習表現。

　　以學習內容而言，第1碼為「主題類別」，以英文大寫字母N（數與

量）、S（空間與形狀）、G（坐標幾何）、R（關係）、A（代數）、F（函數）、D（資料與不確定性）表示。其中R為國小專用，至國中、高中後轉換為A和F。第2碼為「年級」，依序為1-12年級。第3碼為流水號。教科用書在同一學習階段可以不依照流水號順序編寫。

　　因此，以表中的文字敘述而言，我們可以發現這是「代數→7年級→第1條」的學習內容。

🌀 學習表現與學習內容

　　核心素養相對應的重點內容包含「學習內容」與「學習表現」，「學習內容」即是學生要學習的知識內容（包含認知、技能、情意與策略性知識），而「學習表現」是指教師教學後，學生能在這些知識內容的表現行為。這跟學習目標的表示差不多，學習目標包含「知識向度」與「認知歷程向度」，知識向度如同學習內容，認知歷程向度如同學習表現。不過，「知識向度」與「認知歷程向度」僅談及認知層面的目標，應還需要思考技能與情意層面的目標。而認知、技能和情意三者的目標寫作格式均一致：一個目標內含學習內容和學習表現。

　　教師在解讀核心素養的學習內容時，可以從「重點內容」的「學習內容」檢視，或是從教科書的教材內容知識思考。亦即先檢視學生要學習什麼內容，再對照重點內容內的「學習表現」（學生要表現的行為）。許多文獻提及學習內容和學習表現可以運用雙向細目分析表進行檢視對應關係，但未提及是先思考學習內容或學習表現。大多數的課程與教學設計都是從學習內容思考起，這也符合大多數教師的習慣從教科書備課起，亦即從教材內容分析，了解教材的核心知識（包含認知、技能、情意與策略性知識），再檢視素養、指標或目標的學習表現，發展學生在學習這些教材內容後要表現什麼樣的行為，學生在哪些學習內容具備什麼樣的學習表現，這即為學習目標。

　　以上述的數學核心素養為例，學習內容提及「代數符號」，這是核心

知識，這是認知類，再檢視該學習內容的細節，則為交換率、分配律和結合律，亦即教師需要教導學生學習交換率、分配律和結合律的代數符號。另外，學習內容也提及「符號紀錄」，這屬於「技能」類的學習內容。再對照學習表現，學習表現之中提及「運算、推理與證明」，亦即學生需要在交換率、分配律和結合律表現出「運算、推理與證明」。而學習目標則會有「學生能認識交換率（分配律、結合律）」、「學生能以交換率（分配律、結合律）運算……」。而教學活動設計就會包含教師解釋交換率（分配律、結合律）的活動，並以交換率（分配律、結合律）的題目進而評量。

　　領域課綱內的學習重點已經提及相對應的學習內容，或教師只要分析教科書亦可以察覺學習內容，這對大多數教師而言，比較沒有困難。稍具困難的是各校教師發展學校本位課程時，其中部分學校想要培養學生高層次能力（例如：自主學習、探究、溝通、問題解決），此能力是知識的高層次運用，這類型的核心素養或高層次能力無法單獨設計於教學活動中，需要有主題學習內容（包含認知、技能、情意與策略性知識）對應，亦即在學習該主題學習內容後，讓學生在該主題學習內容上表現此高層次能力。部分教師對此類型的核心素養較難理解，也較難進行教學活動設計，可以參照下一段文字所提參考之。

從核心素養轉化為學習內容

　　根據我這兩年的研究經驗，部分教師對於核心素養轉化為學習內容之能力略有疏漏，原因可能在於多數教師習慣以教科書為教材內容，對於沒有教科書的學習領域或學校本位課程，比較欠缺課程內容設計的經驗。核心素養是一段標示著學習內容與學習表現的文字，從文字上來看，部分核心素養不容易解讀。

　　有些核心素養可以明顯看出學習內容，例如：「數-J-A2具備有理數、根式、坐標系之運作能力，並能以符號代表數或幾何物件，執行運算與推

論，在生活情境或可理解的想像情境中，分析本質以解決問題。」其「有理數和根式」是學習內容之一。

　　不過，有些素養看不出來明顯的學習內容，例如：「國S-J-A2透過欣賞各類文本，培養思辨的能力，並能反思文本內容主題，應用於日常生活中，有效處理問題。」教師在解讀核心素養並轉化為課程內容設計時，就要以「得以引發學生思辨、反思」的文章作為「教材內容」，教師可以參考教科書、課外讀物或具有價值意義的文章，選擇或摘錄為這個素養的「教材內容」。不過，此素養並非要求學生學習「教材內容」，而是希望學生藉由此教材內容的學習，具有「思辨能力」，因此，這個素養的學習內容是指「思辨能力」。

　　教師對於核心素養轉化為學習內容的可能問題就在於「先找與素養相關的教材內容」，教師就會有「教什麼」的概念。不過，教師不是「教那個教材」、學生最後的學習結果也不是「那個教材內容的知識」，而是藉由「那個教材內容」去培養學生的能力，而此能力即是學習內容（學習內容包含認知、技能、情意與策略性知識）。教師應把學習內容即是教材內容的傳統觀點，擴大為學習能力與態度，也是學習內容之範圍。

　　簡單來說，大多數的課程與教學設計都可以從「學習內容」去思考學生學習後，這些學習內容要「學習表現」什麼，而學習內容包含認知、技能、情意與策略性知識等類別，最後根據這些類別和學習表現的細節，再發展出單一和統整性的學習目標。不過，教師也可以從十二年國教新版教科書中發現編輯者已經將學習內容進行組織與結構化，教師可以參考教科書的單元教材內之學習內容，再進一步解析認知、技能、情意與策略性知識等學習內容。

第二節　素養導向的教學設計

　　既是素養，即是學生爲適應現在生活及面對未來挑戰所應具備的知識、能力與態度之整合性能力，片段的知識內容或欠缺情境意義的學習表現並不足以成爲面對挑戰的素養。在生活中所遭遇的問題多不是以單一學科知識得以面對，有時需要整合多個知識、技能與態度，因爲所面對的問題或情境是統整性的，因此學校教師指導學生的學習也需要完整，盡可能包含知識、技能和態度的整合。再者，學校的學習不能脫離現在與未來生活情境，因此，學校教師設計素養導向的教學活動時，應該強調情境化或脈絡化的學習。除了讓學生藉由情境學習對知識產生眞正的理解，對知識的意義能充分掌握外，也要強調學習歷程與策略性知識的建構。

　　簡單來說，教師以核心知識爲基礎，進而統整基礎知識、技能與態度進行教學活動設計，再藉由情境任務，培養學生策略性知識；若環境允許，再設計情境任務，讓學生在任務中探究與學習，掌握知識的意義外，也可以學習解決問題。

「細部化學習內容」與組織順序

　　跟隨上一節說明，核心素養之重點內容中的「學習內容」可能包含認知、技能、情意與策略性知識。此外，每一條領域綱要內的「學習內容」，也不一定只有「一個」學生需學習的內容，如先前數學核心素養的例子，其學習內容就至少包含交換率、分配律和結合律三種知識，也包含「表徵」技能，亦可能包含「能以符號紀錄生活中的情境問題」之生活態度。

　　教師分析學習內容之內涵後，需要將這些學習內容做出排列，哪一個先教，哪一個後教？哪一個是哪一個的先備知識？把內容結構化，依照可能的順序排列出來，有些是深度組織、有些是水平連結。學習內容細部化是教師

解析核心素養之學習內容的重要原則。

再者，解析後的學習內容具有難易之分，有些是「概念知識」、有些是「原則策略」。而概念知識是原則策略的基礎，教師需要先紮實地教導學生概念知識作為基礎，才能教導學生原則策略，以便運用原則策略解決問題。所有高層次能力的展現一定要有基礎知識的建立，有了基礎知識才能發展解決問題的策略（策略性知識），最終才去解決問題。教師千萬不可一下子就要學生表現「核心素養」，先讓學生學會核心素養之學習內容的基礎知識，再學習策略性知識。

發展「層次化的學習表現」

我這一、兩年走訪台灣各地學校與第一線教師進行共備觀議課的座談，部分座談議題也談及核心素養。除了部分教師不理解核心素養的意涵而提出不適當的回應外，那些已經理解核心素養之目的（適應現在生活及面對未來挑戰）的教師中，部分擔心中後段的學生恐怕無法型塑核心素養，而導致對核心素養的教學失去信心。面對這種擔心，我們得要思考，通常核心素養或學習表現是屬於高層次能力，也統合認知技能和情意，高層次能力通常對中低成就的孩子會有困難。但也就是有困難，教師才得要思考如何鋪陳與進行。

因此，教師需要將學習表現中的高層次能力轉變為一系列具有層次的學習表現能力，以學生的基本能力進行發展。例如：如果核心素養之學習表現需要學生達到「評估（合適的解決方案）」的層次，教師可能需要發展「理解」、「分析」、「評估」等一系列由低層次到高層次的學習表現。也就是說，學生需要先「理解」某些概念，再藉由「分析」事件的關鍵要素，找出問題，最後學生才能「評估」某個事件的解決策略之可行性，這即是「層次化學習表現」的意義。學習表現層次化亦即是教師解析學習表現的重要原則。

以雙向細目分析表發展學習目標

　　核心素養的學習目標設計來自於包含學習內容與學習表現，但是如果以核心素養之學習內容和學習表現發展學習目標，學習目標可能過大，因為學習內容包含認知、技能、情意和策略性知識，而學習表現則需要高層次能力表現解構成幾個低層次能力表現，以原有的「學習內容」和「學習表現」發展學習目標，教師會不容易理解素養如何轉化為目標。

　　教師可以先將先前兩段提及「學習內容的細部化」和「學習表現層次化」分析出來，再把學習內容的細部認知、技能、情意與策略性知識分別列在雙向細目分析表的左邊縱向儲存格內；而學習表現即是教師期待學生在學習各個學習內容後，要有什麼樣的逐步行為表現，依行為表現的層次寫在雙向細目分析表的上方橫向儲存格內。之後，再雙向檢視、縱向橫向交集與確認合宜性，最後依據「先寫細部行為表現，再寫細部學習內容」的原則寫成學習目標。

　　再以「數-J-A2 具備有理數、根式、坐標系之運作能力，並能以符號代表數或幾何物件，執行運算與推論，在生活情境或可理解的想像情境中，分析本質以解決問題」為例：

　　學習內容是「A-7-1 代數符號：代數符號與運算；以代數符號表徵交換律、分配律、結合律；以符號紀錄生活中的情境問題。」細部內容（認知、技能、情意與策略性知識）分析成「代數符號表徵交換律、分配律、結合律」（認知）、「符號紀錄」（技能）、「隨時記錄生活中的問題」（情意），教師可以決定是否再加其他的內容或策略性知識。這些細部學習內容如表2.2之左邊縱向儲存格內文字。

　　學習表現是「a-IV-1 理解並應用符號及文字敘述表達概念、運算、推理與證明」，層次化的學習表現至少包含「理解」、「應用」、「運算」、「推理」……教師需要分析學習表現的層次（儘量將高層次能力表現轉化為幾個低層次能力表現，若學習表現已經提及不同層次，那直接採用即可），

也可以決定是否再加其他的學習表現。這些學習表現的各層次如表2.2之上方橫向儲存格內文字。

　　教師再思考橫向與縱向的對應關係，若合宜，則在交集點打個圈。例如：「代數符號表徵交換律、分配律、結合律」需要「理解」，因此在交會點打個圈，學習目標就會是「理解代數符號表徵交換律、分配律、結合律的意義」；再者，「符號紀錄（技能）」可以和「應用」結合，學習目標便是「能應用符號記錄生活中交換律、分配律和結合律的問題」，以此類推，寫法上需要再潤飾成為有意義的句子。不過，這些只是參考，教師還是得依實際的教材內容和學生能力特質思考與設計。

表2.2　學習內容與學習表現之雙向細目分析表之實例

		層次化學習表現			
		理解	應用	運算	推理
細部化學習內容	代數符號表徵交換律、分配律、結合律（認知）	○			
	符號紀錄（技能）……		○		
	主動記錄生活中的問題（情意）			○	
	（可以增加其他內容或策略性知識）				○

核心素養之學習內容可以從教科書單元教材內解析

　　十二年國教之各領域課程綱要草案中已經列出「學習內容」，也進行編碼讓教師得以了解內容分類與適用年級。不過，為了賦予教師與教材編選者在編選與詮釋教材內容的彈性，各領域課綱正式版可能不會提供學習內容的解析（以正式發布版為主）。

因此，教師可以從教科書各單元教材內所組織安排的學習內容進一步解析。換句話說，教師原來得由領域課綱中的學習內容去解析（細部化）學生應該學習的核心知能，轉變為教師可以從教科書單元教材解析核心知能，這對教師而言比較便利。不過，教師仍需要檢視合宜性以及藉此發展學生應有的學習表現，最後再套入雙向細目分析表發展學習目標。

核心素養的進階式教學活動設計

教學設計即是教學活動設計，亦即教師確定學習目標後所安排的教師、學生以及師生互動的活動，例如：講述、示範、討論、操作等都是教學活動。而教學活動設計即是教師依據某些學理基礎、學生特質以及各種教學策略的功能，所提出的教學活動組織安排。期待這樣的教學活動安排，能讓學生逐步由先備知識，擴大學習思考，在完成任務與解決問題中學習更高層次的新知識。

有了學習目標之後，教師需要發展教學活動。先前所提，任何能力都是基礎知識的高層次應用，因此，教學活動設計上，得要從基礎知識的學習開始。為了讓學生充分理解或具備基礎知識，教師可用媒體、教具或實體物，也可以讓學生操作並建構基礎知識。

當學生具備核心素養的基礎知識後，教師再進行高層次知識或能力的學習。針對高層次的學習目標，教師就不能再以講述法進行教學，就可期待學生能夠將那些學習內容表現出來，這得要設計某個任務、情境或問題，讓學生先思考，再以討論相互刺激多元觀點。有些素養的型塑還得在情境任務中，教師針對這類型的學習目標需要設計某個情境任務，讓學生在情境中表現。舉例而言，一個國小教師為了教導學生錢幣的概念與應用，便將教室模擬成超商，擺設許多物品，讓學生扮演採購者；另一國中教師為了培養學生規劃的能力，便模擬安排畢業旅行行程之任務。部分教師會認為情境任務設計不易，我鼓勵教師多加聯想，把核心知識轉化為情節中的因子或事件，再

以故事或任務方式編擬。學生未來必須面對各種情境，教師們得要改變傳統思維，嘗試發展核心素養的教學活動設計。

　　簡單來說，核心素養的教學設計是一種以層次化的學習目標進行進階式教學活動的安排，包含學習內容與學習表現的進階式分析與設計，通常多為先基礎知識、高層次知能，最後是情境任務，不同學習目標所設計的教學活動也不同。

素養導向的「教學策略活動化」

　　要學生在「學習內容」上有「學習表現」，需要教師的教學策略，亦即教師要知道「怎麼教」。一些教師在表達「怎麼教」時，常多說了許多無關的事或失去重點。例如：一個教師被我訪談怎麼教時，他說：「我會把學生帶到實驗室，要他們分組坐。我會先發下水桶、量杯、吸管等器材，告訴他們等一下要做實驗的步驟。我也會用獎勵方法，讓他們願意⋯⋯。」這樣的表達過於細節，也會讓聆聽者抓不到重點。另一位教師則說：「我先講述⋯⋯、再示範實驗步驟、再讓他們討論實驗的數據，最後再發表。」這句話中的「講述、示範、討論、發表」即是教學活動，亦即透過一系列相關聯的教學活動組成教學策略，學生就在這教學策略中逐漸參與和學習。

　　策略是一種為了達到目的所實行的活動，但通常需要布局，從感官、動手操作，逐漸到高層次的認知思考。因此，教學策略即是教師為了達到型塑學生核心素養的目的，所實施且具有順序的一系列教學活動。例如：為了讓學生能夠調查社區環境，教師可能需要先在教室內講述社區的社會與人文環境，並引導學生蒐集資料，再指導學生上台分享，這即包含了講述、蒐集資料與上台分享等一系列的教學活動。

　　值得一提的是，「調查社區環境」不能一開始就進行「調查」教學活動，學生的認知歷程需要從低階的教學活動開始，有時候也要加入引起學習動機的活動。教師在先前的學習表現層次化中，各個層次的學習表現可能就

是一個教學活動。也就是說，一個學習表現若有三個層次，就可能至少有三個活動，甚至更多，畢竟引起動機和操作練習等活動也可以設計於內。「教學策略活動化」是素養導向的教學設計之第三個原則（第一個是「學習內容細部化」，第二個原則是「學習表現層次化」，第三個則是「教學策略活動化」）。

第三節　核心素養的學習評量

教師要能型塑學生核心素養，除了有賴學習目標與教學活動設計外，也要有評量的有效連結才行，這涉及素養題目的基礎知識問題、情境問題、評量題目的類型與層次問題。

素養題目的基礎知識問題

核心素養的評量要從基礎知識（或技能、情意）的評量開始，這些基礎知識的評量如同一般教材核心知識的評量，在教師講解知識定義或讓學生操作後，提及該核心知識的構成要素和屬性細節，再將每一個細節轉化為誘答題目的選項，以確認學生為此核心知識的掌握程度，此部分將在本書第四章第一節中說明。

素養題目的情境任務或情境問題

早期紙筆測驗大都是事實性知識和理解層次的評量，經常脫離生活情境，導致學生可能測驗題目滿分，卻沒有生活應用能力。核心素養導向的題目就改變以往，傾向以生活應用知識與技能實務，進而解決真實情境脈絡中的問題。由於核心素養是培養學生適應現在生活及面對未來挑戰，理論上儘

量設計符合眞實而合理的問題或情境任務作爲評量題目，但也不需要每個題目非得情境題目不可，例如：了解歷史學科中各朝代的生活特色，這本脫離當前的生活情境，則無須刻意安排情境問題。

再者，任何問題解決策略都需要基礎知識和技能，因此，我建議應該有一半認知與技能方面的基礎題目（但應儘量避冤純記憶或純練習的題目），一半是藉由核心素養所發展的情境任務題。但初期可以先多一些認知與技能基礎題目，再逐漸平衡調整。

情境問題的編擬上，教師可以思考所教導的學習內容與學習表現中的重要細節，轉化爲情境中的事件要素；也可以參考學生的生活經驗或替代經驗，再以故事或事件的敘述鋪陳，可能包含故事的開始、過程與結果，或是依照事件發生時間序表述事件的始末，再提出任務或要解決的問題，這即是基礎知能的應用，從已知到未知的設計方式。在情境問題中，每個情節要素即是基礎知識的轉譯，可加入其他已學過的內容。如此設計可讓學生藉由已經學會的知能去學習更高層次的知能（例如：解決問題或完成任務的能力）。

另外，不同的學生可能有不同的生活經驗或生活情境，例如台北學生和台東學生之生活環境早已不同。眞實情境涉及在日常生活、學習脈絡或學術探究中可能遭遇的問題情境，也可以包括學生親身經歷過的、未來可能經歷的，或是他人的經驗但值得參考的各種問題情境。因此，即使情境問題非自己學生所處情境，但可能涉及學生未來可能經歷的情境、工作環境以及他人情境的探索，都是合理的情境安排。

評量題目的類型與層次

部分教師可能會質疑，在紙筆測驗中加入素養導向的評量試題就能夠培養核心素養嗎？先前提及，教師得要設計知識與技能基礎題目，因爲核心素養是基礎知識的高層次運用。從知識基礎到解決問題的評量類型可分爲五

類：

1. 知其如何：學生知道某個知識概念。
2. 知其為何：學生可以用自己的話轉譯或解釋某個知識概念的形成細節。
3. 知識應用：學生能應用所學習的知識概念在不同的問題上。
4. 建議策略：學生能針對情境問題提出可行策略或判斷可行策略。
5. 問題解決：學生能透過資訊蒐集、思考、評估與實際操作，進而解決情境問題。

　　一般而言，紙筆測驗難以評量第五層級的真正情境之問題解決，較多只是到達第四層級的建議策略。教師們如果檢視過會考或學測題目，若題目描述後的問句是「下列哪一個策略可行？」、「下列哪一種方法比較好？」或「可以怎麼做？」，這就可能是「建議策略」的題型。

　　至於第五層級的情境式「問題解決」題目因涉及情境的布局，大都轉化為任務題目，要求學生從任務題目中蒐集資訊、從中判斷重要資訊、篩選正確訊息，以提出解決問題的策略，並完成實際的任務。

　　我們再討論「在紙筆測驗中加入素養導向的評量試題就能夠培養核心素養嗎？」，這非有準確的答案。若學生能在評量試題中選擇或提出合宜的解決策略，我們可以初步判斷該學生具有解決問題的策略性知識。至於未來面對真實情境問題時，有了策略性知識，還需要自我期望或態度。態度是核心素養的重要面向之一。態度包含心理上的價值、理想、喜好、興趣……等情意上的個人知覺以及行為面向的習慣與實踐。不過，紙筆測驗很難納入態度的評量。

　　因此，教師還得要在評量學生關於核心素養的表現時，採用行為觀察、晤談、檢核表或自評表等方法進行態度的評量，或採用多元化的評量方式，如實作評量、檔案評量、動態評量……等方法評量學生的核心素養，但是在學測或會考的評量中，就不容易這樣做。

素養題目的文字內容

　　我的訪談中，部分教師質疑素養導向的紙筆測驗試題之文字內容很多，學生光是看完題目、理解題目就花費許多時間。

　　為了描述貼近生活的情境，也因為素養導向的評量涉及到學習內容與學習表現，難免會有大量文字說明。這種題目有別於以往，早期題目中，學生只要找到一、兩個關鍵概念，便可檢索大腦內的知識或原則，進行理解或推理。而素養導向的情境題目是希望學生從題目中蒐集資訊、從中判斷重要資訊、篩選正確訊息，以提出解決問題的策略。

　　簡單來說，傳統的題目是「要解決的問題已經很清楚，要求學生應用所學知識解題」，而素養題目是問題可能不知道在哪裡？解決策略也需要思考與整理，才能實際解決問題。素養題目符合生活情境的經驗或現象。學生面對各種未過濾的資訊，需要有分析判斷資訊的能力才行。教師可以思考，處理素養問題中的複雜訊息也是學生因應未來世界的重要能力。

素養題目需要讓學生在課堂中討論

　　教師編擬素養題目，特別是「建議策略」的題目，需要讓學生在課堂中練習討論。教師可以設計問題情境後，讓學生討論哪些策略可行，並且集體評估其策略的優先性與價值性。如果只是聆聽教師講述，學生可能欠缺思考機會，學生也可能察覺教師的講述是唯一的答案。而透過同儕的互動討論，教師適當地要求學生思考解決問題策略與問題之間的關係，讓學生知道解決問題的策略之關鍵所在。

　　教師如果只是把「建議策略」當作是教材知識，並以講述方法帶過，這對學生學習成效評估或參與考試相當不利，學生需要被培養思考，因為他們不僅面對未來生活挑戰需要思考，在會考或學測考試上也要思考。我們當然知道安排學生討論會比講述活動花更多時間，然而，哪一種對學生學習比較

有利，明顯可以得知。何況，當學生熟悉討論模式，所花費的時間將會愈來愈短。

另外，當前仍有少數教師認為，核心素養無法改變教師的課堂教學，他們認為「考試題目不變，課室教學不會改變」，而當前的會考或學測題目正往著核心素養的「建議策略」題目變化中，這或許可以促使教師調整自己的教學活動與教學評量的設計與應用。

第四節 核心素養導向的學校本位課程之發展

先前提及教師若以教科書為主要教材進行教學，教師只要分析教材單元內的認知、技能、情意等知識，再思考學生特質發展學習表現和學習目標即可；不過，如果要發展學校本位課程，教師就需要將核心素養轉化為學習內容與學習表現。由於許多學校在發展學校本位課程時仍有些模糊之處，本書特別在此章提出核心素養導向的學校本位課程發展之參考作法與實例表格。而其核心素養的解析方法，請教師參考本章前面三節的內容。

先建立學校本位課程的理念

學校教師可以藉由SWOT分析（Strengths：優勢、Weak：劣勢、Opportunity：機會、Threat：威脅）了解學生、教師、資源等因素的各項條件。我建議可以從改善學生的劣勢思考課程理念，或藉由環境與資源的優勢條件發展適合自己學校學生現在與未來的課程方案。

其次，若是偏鄉中小學，可能會面臨少子化、人數過少而廢校的危機，與其思考發展學校特色課程吸引他校學生就讀，不如思考讓外流人口回鄉居住的學校教育策略。想要讓外流人口回鄉的一個重要因素是工作或經濟條

件，亦即家鄉產物或文化得有經濟價值才行。早先幾年，諸多學者對偏鄉學校提出一種理念，「學校是社區的知識中心、學校是社區的文化中心、學校是社區的經濟中心。」學校是社區知識與文化中心的理念比較易於理解，學校是社區的經濟中心是一種課程發展的新思維。

以學校是社區的知識中心而言，學校應該提供社區民眾知識學習與分享的管道、提供社區民眾運動休閒的場所與設備，甚至在社區總體營造規劃中，扮演關鍵的教育角色。

再以學校是社區的文化中心而言，學校教育支持社區文化的發展、配合社區的需要以及營造社區文化，學校教育也可以教導學生了解社區文化，這即是讓學校成為社區的文化中心之理念。

而以學校是社區的經濟中心而言，學校教育必須要了解社區的經濟作物或產物，積極尋求與各大學合作機會，邀請外來專家學者指導社區民眾精緻化其經濟產物、指導行銷策略；學校也可教導學生認識家鄉產物文化，認同家鄉，待未來外出完成高等教育後，以高等技術回鄉改善家鄉產物、行銷家鄉產物，不僅可以讓家鄉社區永續經營，也可以有經濟收入足以留鄉工作的條件。

學校本位課程的理念可以由上述三個方向（知識、文化、經濟中心）思考，再整合既有學科知識，發展學校本位課程方案。

根據理念找出相對應的核心素養

學校教師共同建立學校本位課程理念後，可以參照十二年國教課綱，找出相對應的核心素養，進一步發展具體的學習內容與學習表現。例如：低年級可能聚焦在「了解社區、地理、環境、人文景觀」、中年級可能在「探究社區大小事、人文環境」上、高年級則可能在「再造社區、導覽、解說、宣傳」上，而國中階段可以在「社區加值、精緻產物、發展創意」上思考。

發展不同年段的課程理念後，尋找對應的核心素養。教師可以參考各領

域課綱，其內有建議的核心素養與學習內容和學習表現之對照表（如表2.3的例子）。不過，那只是提供教師參考，教師可以再檢視各領域綱要內的學習內容與學習表現，再補充或調整。

我建議教師可以先以各領域課綱的對照表爲起點，若僅從核心素養，並從廣大的學習內容和學習表現中找尋可對應的學習內容和學習表現，可能會花許多時間。先以各領域課綱的學習重點爲起點，再補充或調整即可。

例如表2.3中，「社-E-A2」是屬於國小階段社會領域的核心素養，「Ca-Ⅱ-1」是屬於國小中年級學習內容、「Ca-Ⅲ-1」是屬於國小高年級學習內容，而「3d-Ⅱ-1」是屬於國小中年級的學習表現，「3d-Ⅲ-2」是屬於國小高年級的學習表現。教師可以檢視學習內容和學習表現的合適性，再補充或調整。

表2.3　社會領域綱要內的核心素養、學習表現與學習內容對照之實例

社會領域學習重點		社會領域核心素養
學習表現	學習內容	
3d-Ⅱ-1　探究問題發生的原因與影響，並尋求解決問題的可能做法。 3d-Ⅲ-1　選定學習主題或社會議題，進行探究與實作。 3d-Ⅲ-2　探究社會議題發生的原因與影響，評估與選擇合適的解決方案，並加以執行。 （上述內容可再分成中年級和高年級，此外，教師可以自行瀏覽「領域綱要的學習內容」進行增減，只要符合核心素養即可。）	Ca-Ⅱ-1　居住地方的環境隨著社會與經濟的發展而改變。 Ca-Ⅲ-1　都市化與工業化會改變環境，也會引發環境問題。 Ca-Ⅲ-2　土地利用反映過去和現在的環境變遷，以及對未來的展望。 （上述內容可再分成中年級和高年級，此外，教師可以自行瀏覽「領域綱要的學習內容」進行增減，只要符合核心素養即可。）	社-E-A2　關注生活問題及其影響，敏覺居住地方的社會、自然與人文環境變遷，並思考解決方法。

　　學校教師也可能需要參酌各學習領域的核心素養，建立跨領域的學校本位課程方案。以上述例子而言，可以再整合自然領域的核心素養，如表2.4。

表2.4　自然領域綱要內的核心素養、學習表現與學習內容對照之實例

自然領域學習重點		自然領域核心素養
學習表現	學習內容	
po-Ⅱ-1　能從日常經驗、學習活動、自然環境，進行觀察，進而能察覺問題。 an-Ⅱ-2　察覺科學家們是利用不同的方式探索自然與物質世界的形式與規律。 tm-Ⅲ-1　能經由簡單的探究與理解建立模型，且能從觀察及實驗過程中，理解到有不同模型的存在。 （同表2.3說明，可以自行增減）	INg-Ⅱ-1　自然環境中有許多資源。人類生存與生活需依賴自然環境中的各種資源，但自然資源都是有限的，需要珍惜使用。 INe-Ⅲ-12　生物的分布和習性，會受環境因素的影響；環境改變也會影響生存於其中的生物種類。 INg-Ⅲ-4　人類的活動會造成氣候變遷，加劇對生態與環境的影響。 （同表2.3說明，可以自行增減）	自-E-C3　透過環境相關議題的學習，能了解全球自然環境的現況與特性。

　　最後，教師再將確認後的核心素養、學習內容與學習表現臚列於表2.5（以國小中年級為例）。

依據文化取材選擇具體學習內容

　　核心素養與其學習內容和學習表現確認後，教師開始選擇「與學校社區環境以及學生經驗和文化」有關的具體學習內容，亦即「依文化取材」，這是課程內容選擇重要的學理基礎。

　　細節上來說，課綱核心素養之學習內容可能僅會寫到「居住地方的環境」或「生物的分布和習性」，教師就需要思考學校、社區或學生經驗中的

表2.5　學校本位課程之跨領域核心素養、學習表現與學習內容對照之實例

主題	核心素養	領域學習重點	
		學習內容	學習表現
社區踏查（中年級）	社-E-A2 關注生活問題及其影響，敏覺居住地方的社會、自然與人文環境變遷，並思考解決方法。	Ca-Ⅱ-1 居住地方的環境隨著社會與經濟的發展而改變。	3d-Ⅱ-1 探究問題發生的原因與影響，並尋求解決問題的可能做法。
社區踏查（中年級）	自-E-C3 透過環境相關議題的學習，能了解全球自然環境的現況與特性。	INg-Ⅱ-1 自然環境中有許多資源。人類生存與生活需依賴自然環境中的各種資源，但自然資源都是有限的，需要珍惜使用。……	po-Ⅱ-1 能從日常經驗、學習活動、自然環境，進行觀察，進而能察覺問題。 an-Ⅱ-2 察覺科學家們是利用不同的方式探索自然與物質世界的形式與規律。……
	……	……	……

環境、生物分布等實際內容，提出具體內容，並且發展更細部的學習內容，包含認知、技能、情意與策略性知識，並運用雙向細目分析表發展學習目標，這部分請參考本章第一節與第二節內容。參考表格如表2.6（內容僅是舉例，學習內容欄位內可以選擇兩個以上的內容與表現）。

根據學生能力安排層次化的學習表現

　　學習表現多為高層次能力表現，例如：調查、探究……等。本章第二節已經提及教師需要將學習表現中的高層次能力轉變為一系列的學習表現能力，以學生的基本能力進行發展。若以學校本位課程的發展而言，教師就需

要考慮學生的先備知識與能力，從學生的起點開始，設計比較低層次的學習表現，例如：可以讓學生先從「理解」開始，再逐步「分析」與「評估」。再將這些能力表現寫入表2.6的「學習表現層次化」欄位內。參考表格如表2.6（內容僅是舉例，學習表現欄位內可以選擇兩個以上的內容與表現）。

表2.6　學校本位課程之核心素養、學習表現、學習內容與學習目標轉化之實例

主題	核心素養	學習內容	學習內容細部化（認知、情意、技能）	學習目標
		學習表現	學習表現層次化（從低層次到高層次）	
社區踏查（中年級）	社-E-A2關注生活問題及其影響……	Ca-Ⅱ-1居住地方的環境……	（舉例）土石流……	1. 理解土石流的成因2. 調查土石流的……
		3d-Ⅱ-1　探究問題發生	理解、調查、……	
	自-E-C3透過環境相關議題的學習……	INg-Ⅱ-1　自然環境中有許多資源……	……	……
		po-Ⅱ-1　能從日常經驗、學習活動……	……	……

繪製學校本位課程結構圖

教師可以整理上述的表格，繪製成學校本位課程結構圖，若紙張夠大，可以在學習內容前再加入核心素養。舉例如圖2.1（實際結構圖之內容將會比下圖還要多）：

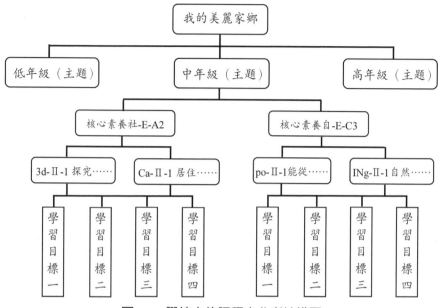

圖2.1　學校本位課程之參考結構圖

發展學校本位課程之教學方案

　　當學習內容、學習表現以及學習目標設計完畢後，教師開始發展教學方案。教學方案採大單元教學活動設計，亦即可以設計10～20節課的內容，也是跨領域的教案。參考表格如表2.7（請自行調整大小）。

表2.7　學校本位課程之教學方案參考格式之實例

單元名稱		學生年級	
上課節數	（16）節	設計者	
對應之核心素養		此單元內學習內容	此單元的學習表現
學習目標			

（自行補充欄位）	
教學活動	教學評量說明
1. 2. 3. （社會、第一、二節結束）	
（自然、第三、四節結束）	

評鑑學校本位課程

　　學校教師需要先行設計學校本位課程的評鑑方案，亦即針對每個教學方案發展資料蒐集的方法，可以包含紙筆測驗、書面報告、觀察紀錄、自我檢核表等學習評量與資料蒐集的工具。學習評量可以顯示學生的學習成效，學校也可以針對家長蒐集資料，教師亦可以再以訪談方式了解學生學習知覺。教師需要實際發展與編寫設計這些工具，便於進行教學時，相互協助觀察學生學習表現，也需要發展訪談或其他資料蒐集工具，除了確立學生核心素養的表現情形外，也可以藉此調整學校本位課程方案。參考表格如表2.8（可自行調整大小，且需要編寫評量表與資料蒐集的工具）。

　　學校本位課程的評鑑有許多方法，本章僅舉出比較容易進行的評鑑方式，亦即蒐集學生學習評量與相關人士的觀點，再與原有的理念和素養相互對照比較，提出差異之處後，思考調整的面向與內容。

表2.8　學校本位課程之評鑑方案參考格式之實例

單元名稱	資料蒐集方法	資料分析結果與描述	課程調整建議
探究社區	觀察（附件1） 學習單（附件2）	（實際教學與觀察後 再填寫）	（實際教學與觀察後 再填寫）
改造社區	學生調查報告表 （附件3） 家長回饋表（附 件4）		

　　學校教師再把本節所有的表格資料與圖表編輯成冊，即可以成為「核心素養導向的學校本位課程」方案。不過，本書提供參考表格主要讓教師有個參考方向（教師可以自行設計與修改），教師務必要實際共同討論、相互觀察與教學後集體省思，切勿要求一、兩位教師編輯撰寫，甚至未經教學實踐也產出了教學省思，如此僅是表面作業，對改善學生學習品質與教師專業成長毫無助益。

小　結

　　核心素養、能力指標和學習目標都是學生學習後的結果，也都會有學習表現和學習內容，差異在於核心素養整合了認知、技能、情意與策略性知識，而表現這些學習內容的場域應該在情境中，以培養面對現在生活與未來生活挑戰所需要的能力。

　　教師若僅看學習內容和學習表現之描述，可能會質疑過於抽象，教師需要解構學習內容成認知、技能、情意與策略性知識，再分析其細節內容；教師也需要依據認知與解題歷程，層次化學生學習表現，逐步培養核心素養。

　　部分教師仍對核心素養觀望或仍然以教科書內容為主，我建議實施課綱初期，可以先以教科書的內容為起點，思考學生學習這些內容後要表現的行為；再擴大思考，學生在什麼情境下要表現行為，設計部分題組化的學習任

務與情境問題。至於情境問題之文字內容太多,先思考情境描述是否過於累贅,否則情境問題的文字敘述本就比傳統問題敘述要長,這也是一種培養學生瀏覽資訊、分析資訊、判斷與整合資訊能力的過程。

　　許多學校開始編寫核心素養導向的學校本位課程,學校教師可以藉此機會發展符合學校情境的核心素養課程方案,教師需要共同思考,教學時也需要相互觀察,逐步調整課程方案,在課程與教學設計上共同專業成長。

參考文獻

教育部(2014)。十二年國民基本教育課程綱要總綱。2018年4月1日,取
　　自http://12cur.naer.edu.tw/upload/files/96d4d3040b01f58da73f0a79755ce
　　8c1.pdf。

第三章

了解教師教學文化

　　文化泛指人們的生活習性，教學文化指的是教師教學時的習慣風格，十二年國教課綱總綱之實施要點提及「……形成同儕共學的教學文化……」，亦即教師平時教學可以組成教師社群，共同討論、相互協助、相互學習，藉此，我們就得先了解學校教師已經存在的教學文化。長久以來，教師被賦予班級獨力教學任務，亦即一個班級一個學科僅有一位教師，這種單打獨鬥的教學文化要改變成社群互動並不容易。雖然，這幾年來有一些教師專業成長的新思維進入到教育體制與校園中，許多學校開始嘗試，卻遇到一些問題。

第一節　學校教師文化

　　這幾年來，我訪談過數十位教師，這些教師對於來觀課的主任或其他教師對自己所提出來的「教學建議」頗不以為然，我察覺到有些建議確實是拿一套教學理想或一套標準來對照教學實務（例如：教師上課時沒有引起動機、時間沒有掌握好影響到學生下課），導致對於觀課的思維就認定「反正就這麼一次，做一次，凍一冬（台語）」；也有部分教師告訴我，他們教師社群如果要談假日出遊或網路購物，可以談上一、兩個小時，但如果提及課程與教學，三分鐘就有人走掉。教師似乎不願意共同討論課堂中的教學實務，認為那會冒犯了他人的教師專業自主權。

學校組織文化氣氛

　　學校組織文化是指全校成員共同創造、長期累積發展出的價值信念、生活習慣、做事方法與態度，並形成一個有形及無形的學校特質。學校組織文化涉及物質層面、制度層面與精神層面，並綜合影響教師行為與態度，這些態度對於教師創新教學、學校改革與學生成就扮演重要的角色。

　　要強化學校組織文化需要仰賴校長或主管發展組織內成員願意相互分享的信念、建立彼此照顧與相互信任的氣氛。良善的學校組織文化可以促進學校教師的社群意識，當教師有相互依賴、學校歸屬感的社群意識，以及成員間會彼此照顧、分享決定，教師便會合作並進一步探討課程與教學上的改變，且更願意將自己投入在教學專業對話中。

　　因此，在鼓勵教師共備觀議課時需要注意學校組織氣氛的營造。在物質環境上，提供教師可以投入共備觀議課的場所與設備；在制度方面，安排社群教師或參與共備觀議課的教師有共同的不排課時間；在策略方面，有原則但不一定是規範，有共同理念但不一定有制式的做法，在共備觀議課的實踐、討論議題以及所需要的支援，盡可能尊重教師專業自主權；在精神層面，對教師要有耐心和包容力。

　　值得一提的是，在學校組織氣氛的營造上，有時候得要階段性的策略或是有輕重緩急之策略運用，特別是在教師社群共備觀議課時，教師專業快速成長並不是首要目的，讓教師先體會到社群分享的價值應該是優先被考慮的。例如：我有時候會發現一些社群教師在課後議課時，指出許多教學缺失，雖然是以學生表現來討論教學策略，但仍對教學者心理有些影響。我會鼓勵學校在推動共備觀議課以促進教師專業成長的活動之初期時，可以選擇性忽略一些不是很重要的教學改進建議。因為，初期是讓教師感受為學生學習而努力的價值感，不要因為過多的教學建議讓教學者感受到負面的意義大於正面的價值。

教師的同僚關係

　　教師的同僚關係較少影響個別教師的教學，卻深深影響著教師間的協同學習。教師同僚關係涉及情感，會表現在工作價值感上，一般人可以從教師間的溝通行為上發現同僚關係的強弱。先以教師情感而言，若兩個教師情感關係好，對夥伴所發生的事以及對話內容的用詞就不會太在乎；若情感關

係不好，任何小事都可以放大檢視，一句玩笑話都可能讓既有的同僚關係更差。在工作表現上，如果一個學校教師的同僚關係佳，教師們進行共備觀議課會將心中的想法揭露出來，若同僚關係不佳，即使共同討論教學事務，也只是提及表面資訊。

在同僚關係的營造上，除了教師類似興趣與特質外，主動對話、正面用詞以及提供必要協助是關鍵要素。學校可以安排一些餐會、假日休閒活動，促進教師間的同僚關係。學校校長和主管要能營造教師相互扶持的機會，教師也要以胸懷成熟的態度來相互支持彼此的工作。如果教師互動時能放下身段，不要過度堅持自己的觀點，不要強求他人接受自己的觀點，多正向思考，便可能讓學校形成一股教師共學的氣氛。

教師間的信任感

許多文獻早已確認教師間若能相互信任，協同進行教學專業發展才能成功，而信任感愈高，協同關係也愈加緊密；反過來說，具有成功合作經驗之後，信任感也愈高。不過，即使多數人早已疾呼共備觀議課之目的在於察覺學生困難，藉由發展合宜的教學策略，改善學生學習成效，並藉此提升教師教學專業。但是部分教師仍然對於其他教師進入教室觀察自己教學產出一些不信任感，也不願意和其他教師討論課程與教學上議題。

我的觀察發現，造成這種氣氛主要是教師對許多事務的見解不一，又略堅持自己的意見，認為自己的觀點是良善且有利的；有時也過度固執自己的看法，或說出一些自己覺得無意卻造成他人心理感受不佳的話，導致這些教師愈來愈無法共同參與某些議題的討論，逐漸不相信他人是可以相互學習與共同專業成長的夥伴。

根據我的觀察，會有上述問題，源自於教師過度在乎他人的意見或被要求自己的教學要符合他人的想法。解決這類的問題得要回到協同學習理論，協同學習理論強調相互分享、相互刺激思考，並無意要求對方與自己的意見

一致，教師只要建立「觀察別人、看自己；聆聽別人、想自己」的態度。教師在課程與教學上的討論永遠是相互刺激思考，學習成果是自己透過社會建構歷程產出，不是他人灌輸而來的。

校長的領導風格

　　學校校長的課程領導能力影響教師協同學習活動的品質，原因在於學校內並非每一個教師都有相同的熱忱，而教師的教學專業成長需要各種教學管理組織給予支援，也需要透過各種機制維持教師的熱忱。校長需要具備課程與教學領導能力，需要了解課程設計與教學設計之知識內涵，也需要了解協同學習對教師在教學專業成長上的價值。簡單來說，校長必須要全盤了解，而其積極的領導作為、魅力的領導與課程領導的知識是影響教師教學專業發展的關鍵因素。除了行政協助（例如：社群教師課務安排外），學校校長或其他課程領導者（例如：教務主任）若能願意參與教師專業成長活動，且積極提出引領教學專業發展與活動設計之理念與策略，對教師參與共備觀議課的意願將有激勵作用。

　　其次，校長要了解教師教學專業發展的需求，有時候協助教師尋找外部資源，有時候提供教師參與外部研習的機會。另外，校長可以親身示範共備、觀議課，不過校長畢竟不是經常需要上課的教師，示範共備觀議課只是讓學校教師了解校長是一個知道共備觀議課得以促進教師專業成長的領導者，也可以藉此共備觀議課了解教師真正的需求，校長的公開授課不是一種教學模範。

　　一個學校內的教師專業程度難免會有落差，對新課程接受程度也可能具有不一致的現象，學校校長應該有此體會，並思考如何協助每一位教師從他的起點發展專業，全體一致性的教師專業成長作法之效果可能不佳。本書在第九章特別針對校長的課程領導作為詳加說明。

學生的家庭功能

理論上，學生的家庭功能應該與教師教學文化無關。然而，台灣社會特殊，貧富差距愈來愈大，不同社經背景的家長對學校教育持有多元的觀點。愈來愈多的教師反應，教學理念受到家長或家庭教育功能的影響。

部分家長認為，學校有責任把孩子教好，孩子的生理發展、品格、道德等都是教師該指導的，家長是以檢視的角度看待，有時會直指教師的不是；部分家長完全尊重教師，也配合教師在課餘對學生進行一些教育活動；亦有少數家長完全放任孩子的學習，任由孩子自由發展，卻也可能讓孩子誤入歧途。

另外，部分學生的家庭功能也經常讓教師花費心思了解，父母親和長輩似乎不在乎所作所為影響自己的孩子，有些教師會多關心這些學生。不過，亦有教師認為這些學生學習不佳或壞行為來自於家庭，不是學校教育，而不願意對這些學生做額外的指導，以免遭到家長找麻煩。

學生的家庭功能不佳會影響他們在學校行為常規、社交關係和學習成效，教師要改變這些學生的學習成效是相當困難的，不能僅從學習的角度思考；然而，教師是影響學生的重要他人，學生有許多時間是在學校內與教師和同學相處，教師們可以集體思考，針對某些學生的學習問題、常規問題和社交問題，再聯想至家庭教育因素。大家共同發揮智慧，想出辦法，以專業性的作法協助這些孩子學習成長。

第二節　教師專業知識的學習風格

教學可以是一位教師獨行，亦可以透過協同或合作，共同討論課程與教學以及協同處理教學事務。不過，教師要能與他人協同合作，並且體會

到相互依賴的價值，這涉及了教師專業知識的學習風格。Johnson和Johnson（1994）從社會相互依賴（social interdependence）的觀點認為，人為達學習目的而存有三種偏好：合作學習、競爭學習和個別學習。合作學習型的學習偏好產出彼此分享的行為，競爭學習型則以戰勝他人來刺激自己的努力，而個別學習型則獨力完成學習目標。不過，教師並不一定只存在某一種學習風格，可能三種學習風格兼具，或多或少以及增長而已。基於教師共備觀議課是協同學習行為，教師教學專業成長是教學實務知識的建構與教學專業知識的學習改變，因此，我們可以以協同學習型（本書將Johnson等人的合作學習調整成協同學習）、競爭學習型和個別學習型之學習風格，檢視教師教學專業知識的學習風格。

協同學習型的教師

協同學習型風格的教師願意彼此分享，他們知道相互分享可以獲得相互刺激思考的機會，而與他人協同學習可以比較容易達到既定的學習目標。這類型的教師不排斥自己觀點與其他教師不同，也願意分享，互相承認彼此的存在，一起挑戰有價值的課題。他們相信在互動理解之後，雙方都可能得到一些有價值的想法，或者至少不會指責另一方的觀點。

面對這種協同學習型風格的教師，學校應該提供一些團隊組織原則和支援，例如：協同型教師的配對，讓教師一起設定學習目標，再透過專業對話，相互協同以及共同專業成長。

競爭學習型的教師

競爭學習型風格的教師是以取得比他人更高階知識或地位來刺激自己的努力，這並非錯誤之決定，因為他們體會到那是一種學習動力。當政府或學校提出獎勵機制，他們便會參照某種標準積極投入；或當他們知覺有超越他

人的機會，他們可能隨時注意別人的學習進度，但不一定會協助他人，有時甚至保留一些想法，以便不時之需。

這種競爭學習型風格的教師應是學校內專業發展最快速的教師，但不一定有最佳的專業成長成效。原因在於他們較少與他人針對學習主題進行互動，僅根據組織提供的獎勵機制或原則，努力表現程度最高，但可能受自己思維的限制。

個別學習型的教師

個別學習型風格的教師習慣凡事依據自己的經驗、自己身歷的情境規劃自己的學習進度。他們喜歡自己進行，即使他們發現有些人已經超越自己，他們還是相信依照自己的進度會讓自己表現好。他們不願意和他人競爭，經常獨力完成學習目標，甚至有自己的想法。這類型的教師不會受到獎賞激勵，也不會因為他人所作所為而改變自己，即使知道他人進度，也不會影響自己的學習安排。

這類型學習風格的教師專業成長進度最慢，他們會受限於自己對事務的觀點。面對這類型的教師要給予合理的期望，他們便會自己規劃往前進，也需要適時地提供外在資訊，補足觀點上的不足。

兼具協同學習型與競爭學習型的學習風格為佳

早期有些理論提及，學習風格是個人特質或遺傳，難以改變。不過，我的研究顯示，學習風格是可能正向調整的，畢竟學習風格是個體與環境交互作用下的學習傾向，也受到個體經驗的影響。我發現教師若對協同學習有滿意度以及價值性的體會，就不排斥與其他教師協同學習，而當價值體會愈強烈，共備觀議課的投入情形更佳。我們很希望每一位教師都能夠發展多一點協同型的學習偏好，能與其他教師共同為學生的學習困難而努力，發揮集體智慧，也藉此提升自己的教學專業。

　　然而，我分析我先前對實習老師的學習風格與其專業學習的關係，我發現兼具協同型與競爭型學習風格的人表現比其他組合還要好，原因在於**協同是學習的助力，而競爭是學習的動力**。因此，我們似乎可以鼓勵教師校內協同，校外參與競爭，亦即鼓勵教師在學校內基於共同的目標相互成長，也可以爭取校外的資源或獎勵。

第三節　教師個人心理與壓力

　　教師從傳統的獨力教學，要轉變到與其他教師組織社群進行共備觀議課，基於人是習慣性的動物，任何改變都可能使得教師內心充滿了不確定性和不安全感。再者，共備觀議課是教師揭露個人的想法以及將自己平時的教學樣態彰顯出來，除了缺乏教學自信的因素外，難免會擔心自己的教學被同儕教師誤解（例如：班上學生的自由討論被誤解成教師不會管控班級），甚至被同儕教師拿出來比較，因此教師個人的心理因素會影響教師的積極參與。根據我的研究分析，教師在教學上的自信、動機與參與共備觀議課的自我效能是重要的影響因素。

教學自信心

　　信心不只是一個概念詞，也是一個人對他自己完成特定目標的能力之知覺。我們要以共備觀議課促進教師的教學專業成長必須先增強教師的教學自信心，因為一個教師若對自己的教學缺乏自信心，即使他人已經告知主要目的是觀察學生和提升學生學習品質，教師仍會對公開授課感到壓力。教學後若對自己的教學結果感到挫折，則可能導致焦慮，不願意再開放教室；相反地，對教學有自信的教師會願意參與教師的共備觀議課。

　　教師對教學的自信心來自學生的學習成就感，然而學生學習成就感也受到教師的課程設計與教學設計影響。因此，從學生學習困難處著手，增強教師在此困難的課程與教學設計能力，可以產出較有成效的教學活動，而學生學習具有成效，教師教學自信心便會被增強。

　　不過，教學情境相當複雜，一般外來的課程內容與教學設計模式或方法恐怕無法增強教師教學能力，原因在於它們可能不符合教師需求。因此，在進行共備觀議課初期時，可以請教師選擇教學議題，在共備課之前，先以讀書會進行課程、教學和學生學習上的交流，甚至個案學生的研討，再藉此共同備課與發展教學活動。當有充分準備，教學自信心便會增加，當教學順暢且讓學生獲得學習成就感，教學自信心便可能愈來愈高。

參與共備觀議課的動機

　　教師共備觀議課涉及教材內容的自己備課、共同備課、同僚教師觀察以及課後的集體討論，若與一般教學備課比較，需要花費許多時間，許多教師會因為時間因素不想參與。不過，我的研究顯示，時間限制可能不是影響教師參與的主要原因，若教師對共備觀議課具有強烈動機，或認同教師協同學習對其教學專業成長的價值性與重要性，將會願意花費更多時間投入。反過來說，如果教師缺乏動機，即使把教師聚合在一起，仍然沒有協同專業成長的效果。動機是引起個體活動，維持並促使活動朝向某一目標進行的內部動力，教師若具有強烈動機想要了解教材內容組織與結構，以及有想要改善學生學習成效的強烈知覺，便會尋求協助與支持，這是改善教學的關鍵因素。

　　教師的動機包含內在動機與外在動機。內在動機是指教師在共備觀議課過程中獲得滿足與成就感，這種滿足與成就感會促使教師繼續或更積極投入共備觀議課中；而外在動機是指受到外在因素（例如：學校內已經許多人參與）或獎賞的影響。降低對教師共備觀議課的要求，讓教師間分享的價值被察覺，或共同備課後的教師個人教學活動設計讓學生學習成效提升，教師參

與幾次後可以獲得成就感,是促進內在動機的方法。

我曾多次進入一所學校觀察,其現象即是如此,該校校長並不鼓勵教師社群一學期內便經歷過完整的教師共備觀議課,他希望教師先共備,先分享對課程內容的觀點,讓教師在課程內容設計上獲得成就感,這是內在動機的實例。而學校除了鼓勵教師為學生的學習進行共備觀議課外,盡可能將教師為學生投入心血改善學習品質的歷程彰顯出來,例如:鼓勵教師撰寫教學實務研究論文(可參考我的另外一本書《教學實務研究與教研論文寫作》或本書第八章第三節),張貼於校刊或公布欄上,當其他教師、家長或其他社區人士了解教師的努力並予於肯定時,便是一種促進教師協同學習進而教學專業成長的外在動機。

教師對共備觀議課的自我效能

自我效能指的是個體對自己在某方面的能力之自我評估,有時候人們會察覺某些事情很容易進行,有些事情做起來相當困難,這即是個體在該領域上的自我效能。而教師在共備觀議課的自我效能即是教師對共備觀議課所能展現的能力之自我察覺。教師若自我效能低,他們可能不願意參與共備觀議課;教師若高自我效能,他們在備課、觀察學生和討論學生學習表現時,也會展現他們的專業能力。因此,我們需要讓教師感受到他們參與共備觀議課沒有很大的困難。

要提升教師對共備觀議課的自我效能之方法很多,先讓教師理解共備觀議課的可行作法或帶領教師實際演練一次,是初期應該要重視的事。之後,讓教師先觀察他人的成功經驗(其他學校教師的現身說法),進而啟發自己參與的技巧,這種經驗移植、觀察學習是很重要的自我效能來源。因此,學校或教師社群可以透過與他校優質教師的對話、社群運作的觀察以及學校自己內部的激勵,若能再搭配自己親身經歷成功的經驗,教師的共備觀議課之自我效能會提高許多。

面對同儕教師的壓力

　　心理壓力是指個體面對外在事物，在自己的心理上產生有形或無形威脅，無法正常回應的感受狀態。教師心理壓力來自於自己、家庭、同儕與學校周遭環境。教師共備觀議課的壓力，特別是觀課時的壓力，則來自於自己預期可能無法充分控制教學情境。如果我們在推動共備觀議課時無法考慮到教師的心理壓力，部分教師可能會將心理壓力轉為抗拒，另一些教師可能就是以表面作為應付，對其教師教學專業成長毫無幫助。

　　我們雖然重視教師專業自主，也了解教師教學專業的差異化，也知道教師對十二年國教課綱核心素養的理解與行為反應程度也有相當差異。不過，根據我這兩年的觀察，多數教師看到同儕教師開始積極參與研習、工作坊和跨校共備課，也開始擔心起來，特別是教師已經了解十二年國教課綱是既定政策，自己又無法充分掌握時，心理壓力更大。

　　無論什麼因素影響，一個學校內總有對課程與教學相當投入的教師，不過，多數是屬於遵守規範型的教師，亦即遵從學校的決策（但不一定充分了解決策的價值）。少數教師則對政策、學校或家長常有意見，甚至經常提出不理性的觀點，面對上述現象，我們必須先要有「學校是社會的縮影，必定存有各種觀點的人」這個想法。

　　我們可以讓教師的心理壓力轉為助力，但因為學校教師專業差異化，促進壓力轉為助力的做法也要多元。對課綱核心素養不了解的教師，我們可以提供充分的資訊；對於想要投入參與的教師，我們要協助組織社群；而對於已經投入的教師，我們鼓勵往學生表現去關注；而已經具有豐富經驗與心得的教師，我們鼓勵其將自己探究教學的成果寫成教學實務研究論文，協助他們張貼與發表，提供他們自我實現的機會。

　　要促進教師將壓力轉為助力之時，我們得要注意教師的心理變化。一位教師告訴我，當他想要積極投入時，竟然遭到同事的揶揄嘲笑。不過，根據我深入訪談了解，可能是該同事受到些許政治社會環境的影響轉而對教育

失去信心，這是學校組織中可能出現的狀況，也是教師專業差異化的一個環節。學校主管可以主動關心，並且依其專業成長程度提供支持，試著找出可以讓那些教師自我實現的機會。日子久了，他們也會轉向投入參與。

面對家長的壓力

當前家長對其孩子的要求兩極化。重視孩子教育的家長，對學校教師的教學作業相當關注，特別是當收到孩子不理想的成績單時，不會像早期只強烈要求孩子上進努力，部分家長面對孩子學習情形不佳時，會更想從校方和老師處得到解答，希望學校可以為自己的孩子制訂獨一無二的教育方案。在兩極化的另外一邊，那些家長對孩子的教育漠不關心，甚至有些家長無暇照顧，美其名是尊重學校教師的教育方式，其實是不關注孩子的學習。家庭因素導致孩子忽略日常的學習活動，學習成績每況愈下，部分家長卻以孩子成績來判斷學校教育或教師教學的成效。上述情形似乎可以歸納，教師面對家長的壓力，無論是關心孩子或放縱孩子，學生成績是教師面對家長時的首要壓力來源。

我訪談過許多校長，部分校長認為在推動共備觀議課時，家長的態度是阻力之一，原因在於家長在乎孩子成績，深怕教育改革影響孩子的升學發展。

十二年國教課綱總綱是以核心素養架構，若檢視當前會考和學測題目，已有部分題目轉向為素養導向的題目，而且官方也透露，這些素養導向題目將愈來愈多，亦即學校教師若教學時多關注核心素養的教學，學校內考試也讓學生練習思考核心素養導向題目，學生會在會考和學測表現好。因此，教師落實十二年國教課綱核心素養之教學，反而有利於減少教師面對家長的壓力。教師需要理解十二年國教課綱核心素養、自己教學活動設計以及學生評量的關聯性，有機會也要傳達這些理念給家長知道。

其次，我們得要培養教師核心素養轉化為課程內容與教學活動設計的

能力，特別是在評量測驗題目上。不過，一個教師的思維有限，教師共備觀議課可以解決這些問題。例如：我訪談過一位老師，他說他們社群共有八個人，固定在星期日下午約一家咖啡廳聚會，但在聚會之前，每個人針對已經排定的單元教材內容編擬10題素養評量題。在聚會喝咖啡之餘，討論八個人共80題的評量題，最後篩選為40題，並編列難易順序。這種一個人貢獻10題，最後取回40題的教師協同學習活動，就可以協助教師發展新課綱的素養題目，也可以讓教師體會到教師共備課的價值。

面對弱勢學生的需求

　　前述，那些無法充分管教子女的家長，無論是故意放縱還是家庭經濟因素忙於工作無暇管教，既然學生已在學校，教師至少需要在這些孩子在學校的時間給予充分的關心與指導。少數弱勢家庭的孩子仍願意自己積極努力向上，教師需要多加鼓勵與讚美，必要時學校設法提供學習所需要的金錢與物質上的支援。然而，來自弱勢家庭的孩子，有部分似乎已經自我放棄學習。

　　我觀察這些已經放棄學習的學生，雖然部分學生是行為不當，經常受到學校校規責罰，但追溯原因，多數是長期對學習失去興趣、信心導致挫折，但青少年學生畢竟活潑好動，他們無法在成績上展現自己，就會在其他地方表現。不過，由於他們的生理尚未發展成熟，心理上對周遭事物也未能周延思考，導致所作所為經常與規範不符。教師需要了解，讓學生產生學習興趣，可能就是改變其不當行為的方式之一。

　　然而，這些學生學習進度落後太多或對於高難度挑戰的情境題失去信心。教師可以在共備時共同討論，找出基礎核心知識與其屬性細節和構成要素，並編擬差異化的評量題目。

　　有一位教師這樣做：他在學習單上編寫五個題目，從第一題到第五題排列易至難，而第一題似乎是簡單題目，可能是前一個年級或是先備知識的題目，甚至是國中生卻給國小程度的題目。他要求學生從第一題開始，寫到不

會的地方就停下來，部分學生寫到第四題，但第一題幾乎所有學生都會寫。這位老師這樣做，除了了解學生的學習困難所在外，也透過差異化題目讓低成就學生有個「寫對」的機會。他的想法就是要讓那些低成就孩子能有學習成就感。

教師共備課時可以往這個方向思考，而在觀課時可以多關注這些學生的學習表現，並在議課時討論學習情形，必要時再提出調整策略。

面對自己家庭的生活壓力

我觀察當前教師的專業成長活動，特別是這兩年，部分教師願意在假日自主性地參與教師研習活動，更少數教師除了星期一至星期五在學校上課，星期六和星期日兩天也參與校外工作坊、跨校備課或集體討論教學實務，似乎沒有休息的日子。

我們除了肯定這些教師為教育犧牲奉獻，但我們不能認為這些假日的研習應該成為教師專業成長活動的常態，絕大部分的教師之假日可能有家庭長輩、子女或其他家庭事務需要照顧。因此，教師的專業成長活動應該是在校內，若以關注學生表現作為教師專業成長的焦點，那校內教師專業成長活動應該聚焦在教師社群為了學生學習的共備觀議課活動上。

不過，教師也需要更新自己的教育知識。傳統上，這些教育知識是透過參與校外研習或工作坊獲得，不過，多數教師並沒有在教育情境中實踐，導致對許多新理念（例如：核心素養）不甚理解，這也是教師可能排斥共備觀議課的原因之一。學校需要邀請校外專家或校內有經驗的教師分享經驗，也可以運用讀書會討論和同儕分享方式（請閱讀本書第五章第三節），逐漸充實教師對十二年國教課綱的課程內容與教學設計之知識。

小　結

　　一個教師所處的教育環境相當複雜，來自上級、行政主管、同事、學生、家長等面向的資訊每天進入教師的感官系統，教師心理知覺難以琢磨。推動新課綱不能不了解教師的教學文化和其內心的想法，這是讓教師建立價值信念之前必要的思維。每一個教師都是獨特的個體，教師專業知識學習是透過學校、制度、策略與同儕互動，刺激自我思考與調整自我參與程度而自我建構來的。若只有來自上級的政策，無論推動策略是如何，若無考慮教師學習風格、同儕關係、心理因素與壓力，也沒有讓教師建立參與的信念，其參與的程度可能就會是表面作為而已。

　　反過來說，了解這些影響因素，我們可以藉此提供適當的支援與合宜的心理支持。我們的目標在於促進教師為了學生學習而努力調整自己，並在過程中逐步提升自己的教學專業，只要往這個方向走，策略與支援都可以、也需要多加變化的。

第四章

教師自己先備課

　　Vygotsky曾表示知識是人與他人經過磋商與和解而來的，也就是說，每個人要先有知識的想法，再與他人互動調和；再者，教師共備觀議課是一種「價值分享」，教師發揮集體智慧，協助學生學習得更好。而「價值分享」之意，亦即要先自己對事務產生價值觀點，再相互表達、聆聽與察覺對方所持觀點的價值。簡單來說，教師共備課之前要先自己備課，產生自己對課程與教學的想法，再於共同備課時間，輪流提出、相互刺激思考以及調整自己的觀點，產出更精緻化的觀點。

　　幾乎大部分的課程與教學設計都是從學習內容思考起，在確定學習內容的主題或核心知識後，再思考學生學習內容後要表現出什麼樣的行為，亦即學習表現。而根據學習內容與學習表現發展成一個或數個學習目標與學習評量工具，再依據學習目標發展教學策略與教學活動。因此，教師在自己備課時，需要針對學習內容、學習表現以及教學策略進行教學思考。

第一節　核心素養中學習內容的自備課

　　學習內容即是學生要學習的內容（可稱為教材內容），包含知識、技能、情意（態度）以及綜合前者所發展出來的策略性知識。有些文獻會以「核心知識」統包主題知識、技能、情意（態度）和策略性知識，用「核心」一詞是強調重點、關鍵、需要的優先性。部分文獻則以「核心知識、核心技能、核心情意」分開宣稱。

　　本書第二章已提，十二年國教課綱各學習領域課綱綱要已經列出各領域學習內容，亦即學生應該學習的學習內容，或是多數教師會從教科書中分析重點內容。不過，教師仍需要針對知識內容進行分析才行，分析的重點在於知識、技能、態度與策略性知識的屬性、細節、步驟、細部行為等構成要素。

核心知識與構成要素

學生學習內容中大部分都是知識內容，少數教師可能忽略去確認每個單元或每節課中需要教導的核心知識內容。若能掌握核心知識內容，教學評量就會有方向，而教學中也能夠聚焦而不會漫談。另外，亦有少數教師可能無法掌握教材單元內核心知識內容的構成要素，因此，我建議教師可能先行查閱教師手冊，在備課前需要掌握教材單元中的核心知識內容及其構成要素。

其次，找出核心知識容易，要察覺核心知識的充分屬性細節等構成要素可能不簡單。「屬性、細節、要素」等詞語的使用並不一致，不過，都是構成該核心知識的要素，缺一則可能會讓他人誤解或讓學生學習迷思。例如：一個教師解釋「平原是平坦的廣大地區」就不會讓學生清楚明白，若教師解釋「平原是海拔200公尺以下平坦的廣大地區」，部分學生還是會和「盆地」地形內的平坦廣大地區相混淆。再舉另外一例，正方形的構成要素是「四個邊、四個角、四個邊等長、四個角直角」，如果教師只講「四個邊、四個角、四個角直角」，那學生可能和長方形的概念混淆，如果教師講「四個邊、四個角、四個邊等長」，那學生就無法分辨菱形和正方形的差異了。

基本上，核心知識的構成要素是學習該核心知識相當重要的內容，因為，這些構成要素若完整被掌握，學生對核心知識的概念定義就能完全理解，若能理解，就可以繼續以此概念的基礎學習新知識，或此概念知識為基礎，發展高層次的能力。

核心技能與構成要素

許多文獻把技能、能力、技巧分開解釋，也提出差異處，各家論述也略有不同。我以教學活動設計來說，技能即是一種透過反覆練習達到迅速、精確、運用自如以及可因應需要而調整的外在行為動作，部分文獻以技巧呼應之。當學生有了「技能」，再整合知識與經驗，便可以在某個特定場合展現

連貫或統整性的行爲表現，我即稱之爲「能力」；而若能面對生活情境或遭遇困難時，若能主動積極分析情境要素與面對困難，進而展現適當能力，我則稱之爲「素養」。因此，技能，如同知識內容一樣，是型塑素養的基礎，而技能與知識略微不同處在於，技能比較強調外在行爲動作，而知識則強調內在認知歷程。

　　教師需要分析核心技能，而先前所提核心知識包含許多構成要素，核心技能則是步驟；核心知識構成要素若不清楚，學生學習會產生迷思，而核心技能之步驟若不清楚進而練習錯誤，小則學不會，大則發生危險。教師可以用顯微鏡操作或體育跳箱動作爲例，一定可以列出第一步驟、第二步驟……。雖然有些技能的步驟可以彈性調整，但學生還是需要掌握技能內全部步驟的細節，之後進行反覆練習才可能學得會。

　　愈高層次的技能就需要再分段指導，每一段再提及細部動作，甚至指出手眼和身體的對照等關鍵細節。另外，技能的學習需要反覆練習，因此，教師在備課時，也需要考慮學生練習時間、設備場地和支援協助。

核心情意與構成要素

　　情意包含個人內在的價值、理想、興趣、喜好、習慣……，無法直接評量，只能透過表現於外的知識與行爲推論之。因此，核心情意的構成要素即是要判斷學生具備某個特定情意時，需要提出學生能呈現什麼樣的知識與什麼樣的行爲表現等參照內容。我們如果要判斷一個人具有「認同資源回收的重要性」，我們得先測驗此人對於資源回收的知識概念，再可能透過情境演練去察覺此人經常正確地進行垃圾回收，也能夠講出資源回收對環境永續的重要利益，藉此三個要素，我們可以推論此人「認同」「資源回收」。另外，我們如果要判斷學生能「主動參與」之情意表現，我們就得設計情境，讓學生在情境中，不在他人要求下，自己由心而發去進行某個活動。

　　教師需要檢視核心素養內之學習內容中的核心情意，並分析出評估該核

心情意的參照內容，再去透過課程與教學活動設計、情境演練安排，去察覺學生的情意表現。但後半段已經是學習表現上的備課範圍，教師若參考本節進行備課，只需要提及構成要素即可，情意的構成要素包含學生需要在什麼情境下呈現什麼知識、什麼行為動作，以藉此推論內在的情意是否具備。學習表現的備課會在本章第二節提及。

然而，除了少數輔導活動課程之外，核心情意不會單獨出現在課程內容，大都是配合知識與技能，亦即學生在學習某些特定知識和技能時，可以設計學生「主動」參與某種活動、「認同」某種知識的價值等情意目標，有些教科書不會主動提及情意內容，教師可以外加。

策略性知識與構成要素

一般學習目標會提及認知、技能和情意，也就是說，學生的學習表現會呈現認知、技能和情意的學習內容。不過，核心素養是「培養學生為適應現在生活及面對未來挑戰所應具備的知識、能力與態度」，需有統合知識、技能與情意發展成策略性知識，以面對挑戰和解決問題。教科書或核心素養不會列出策略性知識，教師若能分析學生學習內容與學習表現後，設計情境任務，學生為了解決問題和完成任務，便需要發展策略性知識，教師便可培養學生完成學習任務的能力。

策略性知識是指學生知道如何做某事的知識，那是一種心智技能，也是一種程序性知識。不過，一般學習目標提及認知、技能和情意，統合之後稱為程序性知識；十二年國教課綱是以核心素養架構，素養又被期待在真實或擬真情境中呈現，學生需要根據對情境任務的認識，選擇適當的方法與對學習過程適當的調控，發展出實際解決問題的逐步策略，因此，我稱為策略性知識。

策略性知識的構成要素涉及「學生需要做到哪些事」才能完成任務，例如：教師設計學生規劃一個旅遊行程的任務，其構成要素可能就包含食衣住

行各要素以及連結。各要素可能以知識、技能和情意等內容為基礎，而連結之意在於不同要素彼此關聯形成一種策略，策略性知識不只是構成要素，還要有要素的連結。

　　一個情境任務可能需要許多策略的應用，如果教師能以所教導的核心知識、技能與態度，轉變為情境任務的情節事件，並設計這些應用策略性知識的任務，學生面對未來的挑戰就比較不會有挫折感。

第二節　核心素養中學習表現的自備課

　　學習表現是指學生學習「學習內容」後，對學習內容所表現的行為。類似學習目標的動態動詞或動作動詞。有兩個關鍵處需要注意，第一，學習表現是指學生學習的「結果」或教師在某一個知識概念或單元教學後的「結果」，不是「過程」；第二，此學習表現是在「學習內容」上的表現，與學習內容無關的表現不是重要關鍵。

　　一般而言，學生學習表現於外的方式不外乎紙筆測驗、書面報告、口頭報告、技能實作、操作思考……，教師可以視學習內容選擇學習表現方式。例如：如果只是知識概念的理解，那麼紙筆測驗便可以運用；或學習內容是技能，則得透過實作方式；若是情意上的學習內容，簡單的情境演練方式是比較可行；若是策略性知識，那可能得要設計複雜情境任務，提供學生思考與操作的表現機會，若無法安排真實情境，至少得要有策略性知識的思考。

以紙筆測驗察覺學生迷思概念

　　紙筆測驗是教師常用來測驗學生核心知識的方法，不過，許多教師在設計紙筆測驗時大都只想測量學生的學習結果，忽略可以藉由紙筆測驗察覺學生在核心知識的迷思概念。核心知識是核心素養的重要基礎，若學生對於核

心知識之意義掌握不夠清楚，核心素養就難以型塑。

　　迷思概念的原因很多，就以課堂教學而言，學生對核心知識的構成要素掌握不周全，就可能產生迷思概念。教師可以將核心知識的每一個構成要素進行轉變，以選擇題或是非題方式，亦即編寫誘答題目，將正確的要素故意轉變成錯誤的要素，若學生選擇該選項，我們可以立即察覺學生在哪一個要素的迷思概念。例如下方實例內的選擇題，題目底線的部分是某一個教師對地震這個核心知識所發展的構成要素，這四個構成要素分別被設計為一個選項。

　　地震的震度是一地區受地震的影響程度，有時人體無法感受到。現今地震儀器已能詳細描述地震的加速度，所以震度亦可由加速度值來劃分。震度級以正的整數表示。下列何者正確？
　　(A)地震來臨時人們一定會有感覺
　　(B)地震儀器顯示加速度的數據藉以判斷地震強度
　　(C)四級地震之搖晃程度是二級地震的兩倍
　　(D)有負二級地震的發生

　　如果學生選擇「(A)地震來臨時人們一定會有感覺」，那他一定忽略「有時人體無法感受到」這個要素，如果學生選擇「(C)四級地震之搖晃程度是二級地震的兩倍」，他一定對「加速度」的概念不清楚，可能也只有死記。

　　因此，教師備課時，將核心知識確認後，在學習表現之紙筆測驗上可以將核心知識的構成要素編擬成選項，以確認學生核心知識的掌握情形。

技能實作

　　技能實作的學習表現安排如同核心知識的構成要素，但技能實作是技能

細部動作的實作與表現於外的連貫性動作。

　　除了技能實作的場地、設備與人員的安排外，教師可以先將動作的細節或步驟設計成選擇題，如同核心知識，教師把錯誤的動作表演出來或步驟寫出來，提供學生察覺的機會。之後，再要求學生表現該技能動作，察覺技能動作的正確性；以及要求學生表現技能連貫動作，以確認學生對該技能的組織連貫與熟練程度。

　　因此，教師備課時，要寫出學生要如何表現單元教材內的核心技能（若有的話），包含技能的細部動作表現以及連貫動作的步驟，也可以加入上一段所提及的選擇題、錯誤動作演示，最好寫出學生最常表現錯誤的地方，這樣效果愈好。

策略性知識的表現

　　本章第三章第二節已經提及「核心素養的學習評量」，包含知識基礎到解決問題的五類評量類型：知其如何、知其為何、知識應用、建議策略、解決問題。本章提及的策略性知識是屬於第四層級的「建議策略」。傳統的知識評量大都是「知其如何、知其為何、知識應用」前三者，亦即教導學生某項知識，使其了解後，提出一個應用題目，讓學生將所學應用在該題目中。但核心素養的評量已經進階到策略性知識，例如：下方題目即是一種核心素養之建議策略題型（來源：105年國中會考社會科）。通常題目會描述一個問題情境，並提出幾項可能可行的策略，要求學生去選擇。

　　　某小鎮的夜市因各大美食節目頻頻採訪而聲名大噪，許多觀光客慕
　　名而來，但因當地目前的基礎建設無法容納眾多人潮與車潮，導致
　　交通堵塞情況嚴重。若該小鎮的鎮長採取某種方法解決上述問題，
　　下列何者最可能是他的作法？
　　(A)增加所得稅收

(B)興建公共造產
(C)舉辦地方特色活動
(D)規範媒體報導內容

　　教師在設計這種題目時，可以先思考學生在某個單元學習過哪些核心知識，通常特定的核心知識有特定的運用情境。教師可以單以一個核心知識的情境編擬成題目，再把相關的核心知識編寫成策略選項，要求學生選擇。教師也可以綜合數個核心知識編擬情境，再讓學生挑選最好的策略。

　　在我訪談教師時，部分教師告訴我「情境編寫不易」，最簡單的編寫方法是「包含人事時地物（可選擇部分即可）+遭遇問題或想要完成什麼任務」的故事。可以用一個主詞為先，例如：我的爺爺、麵店李老闆……，再描述他在什麼時間什麼地點遇到什麼事或物，最後再根據想要學生表現的策略性知識轉化為「遭遇問題或想要完成什麼任務」，而問句通常是「下列哪一個策略可行？」、「哪一種方法可以……」。

題組式情境問題

　　核心素養的評量強調情境中的任務或情境問題的解決，不過，不是每一個學生都可以一下子運用策略性知識解決問題。根據問題解決的心智程序，學生需要先瀏覽資訊、分析資訊和找出問題；其次，學生需要檢索大腦裡的策略性知識，形成解決問題策略；最後才實際解決問題。教師可以藉此三階段發展成題組式情境問題，如下方實例與說明：

　　我爺爺有兩塊地，一塊地是平行四邊形，底20公尺，高16公尺，每平方公尺可賣4萬元，另一塊是長方形，長18公尺，高20公尺，每平方公尺可賣3萬元。爺爺說想賣掉一塊地，去購買一間價值1,000萬的房子，他只需要賣掉哪一塊地就有足夠錢買房子了？

第一題（閱讀理解，理解問題與分析關鍵問題，1分）：這個題目
主要是在

❶我爺爺要買房子養老❷我爺爺有兩塊地

❸我爺爺想要賣掉一塊地去買房子❹我爺爺想要投資賺錢

第二題（評估問題解決的策略，2分）：

❶把兩塊地的面積加起來❷比較兩塊地面積，看哪一塊比較大或比

較小❸比較兩塊地價錢，看哪一塊最接近1,000萬❹比較平行四邊

形和長方形的不同

第三題（應用策略解決問題，4分）：

我爺爺該如何做？

　　題組式情境問題之題目如同先前的情境問題編擬，初步可用「包含人事時地物（可選擇部分即可）+遭遇問題或想要完成什麼任務」的故事編寫。值得提出的是題組的三個子題。

　　第一子題是關於瀏覽資訊、分析資訊和找出問題，亦即學生需要察覺關鍵問題所在，我建議此子題用選擇題方式讓學生挑選。許多教師反映核心素養是檢測學生的閱讀理解能力，這於本書第二章已提及，教師便可以用題組式選擇題的選項方式確認學生是否閱讀理解。教師也可以運用此種方法，讓學生學習解題之前，引導學生分析題目的關鍵資訊與問題所在。

　　第二子題是關於解決問題的策略性知識，可能簡單到一個公式或處理問題的原則，也可能複雜到學生需要產生一段策略性知識。我也建議此子題用選擇題或簡答題讓學生寫出，如果學生在此子題表現不好，上一子題表現正確，那教師就可以確認學生非閱讀理解的問題，而是策略性知識的問題。

　　第三子題是實際解決問題，這即是讓學生以策略性知識解決問題，有些

簡單的問題只要一或兩個公式便可以答題，但複雜的情境可能得要一一答出或論述過程。

　　歸納來說，教師在題組式情境問題編擬上，除情境問題外，可以根據上述三個子題的目的編寫，也可以從學生表現中了解學生的學習困難之處。

情境演練

　　情境演練的意義在於不僅是課室內的思考活動，而是強調真實情境與真實問題的解決。

　　如此題目的編擬需要包含知識、技能、情意以及策略性知識，教師編擬情境任務時，可以採用先前所提的故事編寫法，但需要注意的是學生完成任務或解決問題所需要的知識必須已經具備，包含先前所學的先備知識或該單元剛學習過的基礎知能。另外，情境題演練也可能跨領域或加入一些議題內容。因此，教師在進行教學與提供機會讓學生演練時，務必確認學生的基礎知識是否具備，必要時先行教學。

　　在編寫上，教師可以以將單元內所教導過的核心知識、技能和情意臚列出來，再思考這些核心知識、技能和情意可以在什麼生活情境下應用出來；之後，再將這些生活應用情境連結起來，編寫成情境任務；最後再思考是否有應用其他知識技能和情意，或是否因為生活情境需要再加入其他知識技能和情意。基本上，以生活真實情境的擬真樣貌進行發展，學生在情境任務解決中，也能學習如何統整策略解決問題所需的知識與方法。例如：「台灣的交通運輸」單元可以編寫「規劃旅行行程」之生活情境任務，該單元提及各種交通工具、歷史、細節以及其優劣勢，教師的「規劃旅行行程」還加入「火車或高鐵時刻表查詢」和「Google Map」等非單元內容的知能，這是可行也是必要，因為生活情境即是如此。只是教師需要額外指導學生時刻查詢和Google Map的使用才是。

　　至於情境演練的評量，因為已經跳脫紙筆測驗，可能以報告、發表等形

式進行，教師需要發展評分規準表（Rubric）。

　　評分規準表的設計包含面向與內容，面向可以是但不一定是指知識、技能和情意的分類，畢竟有些學習表現難以恰好有知識、技能和情意三類，而每一面向應有分數以及所對應的表現內容。表現內容的撰寫可包含教師所教導的核心知識、技能和情意及其他外加的內容。

　　教師可以將學生的表現情形做等級的分類，通常分為四級、五級或六級層次，每一層次都有學習表現有關的表現動詞標準與表現內容細節，每一個層次之間的差距儘量一致。教師先將學生最佳的表現結果寫成評分規準表中最高等級的內容，再遞減學生表現動詞層次以及表現內容的細節。表現動詞往低層次發展和表現內容不夠完整，就是評分規準表較低等級的內容，教師依層次和內容細節建構觀察或內容檢核表。編寫後在評分前需要給學生看，視學生意見或運用結果進行修正。

第三節　核心素養之教學策略的自備課

　　任何的教學需要讓學生產生認知上的改變，而不僅在乎外在行為的規範。我這幾年來，經常進入班級觀察教師教學，也經常參與教師的議課活動。不過，我發現教師很常提及教學技巧，較少提及教學策略。

　　教學技巧可以讓學生的行為產生開展或收斂的作用，而教學策略是可以讓學生產生認知改變的步驟化做法。例如：「教師可以對那些低成就學生說，不懂的人要去問懂的人」、「可以使用加分的方式讓學生投入學習」或「教具不用時可以請學生放在抽屜，否則他們會玩而不聽課」，上述這些都是學生行為方面的教學技巧，只是讓學生的行為產生開展或收斂的作用，對學生認知改變沒有直接的幫助。

　　教學策略是跟隨學生的認知歷程發展的，學生如何接收訊息、處理訊

息、訊息編碼，教師就依此設計教學步驟，整個步驟要素相互連結，並具有意義，因此稱為教學策略。教學策略是基於學生認知歷程發展，思考教學策略才能讓學生認知改變，當前已經有許多教學策略的活動步驟可用。

教學策略中也可以運用一些教學技巧，教學策略在於提供學生認知改變以達到學習目標，而教學技巧可以促進學生的學習投入。前者是一種流程布局，後者是一種催化劑。舉例來說，教師運用合作學習的教學策略培養學生團隊合作的態度，而良善的分組技巧可以讓合作學習經驗更加意義化。

另外，部分教師可能對於「教學法」和「教學策略」分辨模糊。簡單來說，教學法是一個方法統稱，只強調理念和目的，不強調怎麼做；而教學策略是跟隨著學生認知歷程而發展的步驟化作為，整個步驟化的歷程或連結即是教學策略。舉例而言，「討論教學法」可以讓「學生互相啟發，集思廣益，取長補短，有助於對知識的深入探討，還可以培養學生獨立思考、口頭表達和綜合分析問題的能力」，而「討論教學策略」即是「組織、交換、對照比較、修改、內化心智」步驟化歷程。值得一提的是教師可以根據「教學法」的理念與目的，設計或略微調整符合自己教學情境的「教學策略」。

◉ 選用或微調教學策略

不同的學習內容與學習表現應有不同的教學策略，學習要有成效，教師必須妥善地運用教學策略。不過，沒有任何一種教學策略是最好的，教師在選擇教學策略時不應以自己的喜好或唯一的模式，而要以學生學習需求或學習目標為考慮核心。教師可以詢問自己「要提供什麼樣的經驗才可以讓學生達到學習目標或完成教師期待的學習結果」。

例如：有些知識內容較為複雜，且內含要素較多，部分學生可能思考不夠完整，而教師單一講述，學生只是強加記憶，如果教師想要學生對話以至於擴充自己思考的機會，那即可運用討論教學策略。不過，一個單元內可能有多個學習目標和不同的學習內容，教師運用不同的教學策略以提供給學生

不同的學習經驗。

　　除了理解教材內容屬性與學生特質外，教師在選用教學策略時也要了解該教學策略的理念以及步驟，並視學生先備知識和能力酌予改變，或增加部分的步驟。

　　從十二年國教課綱總綱核心素養之來看，「符號運用與溝通表達」與「討論教學策略」相互關聯，「人際關係與團隊合作」與「合作學習教學策略」相互關聯，「系統思考與解決問題」、「規劃執行與創新應變」與「問題解決教學策略」相互關聯，「科技資訊與媒體素養」與「科技運用」相互關聯。本章以下就分別在「討論、合作學習、問題解決、科技運用」進行說明。

討論教學策略

　　先前所提討論教學法之目的是讓「學生互相啓發，集思廣益，取長補短，有助於對知識的深入探討，還可以培養學生獨立思考、口頭表達和綜合分析問題的能力」。而在教學策略上，依循學生認知處理歷程通常會有五個階段步驟（如圖4.1）：組織、交換、對照比較、修改、內化心智。教師再將這些步驟變成教學活動，亦即「1.組織→教師要求先寫自己的習作或講義；2.交換→教師再請兩兩同學相互講述或分組輪流報告自己的答案；3.對照比較→教師鼓勵學生察看自己和他人答案的不同，進而解釋自己的答案；4.修改→教師鼓勵思考過別人的答案後，可以修改自己的答案；5.內化心智→教師要求學生重新講述自己的答案」。

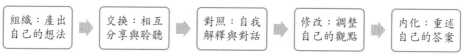

圖4.1　討論教學策略之步驟化實例圖

　　如果教學班級學生較少具有討論的經驗，教師便可以在「1.組織」之前布建一個安全友善心理的討論環境。原因可能學生認知程度不同、學習風格不同或者粗魯的言語，造成部分缺乏自信或低成就學生不願意開口表達自己的觀點。而人際關係較差的學生可能也缺乏同儕討論的自信，教師可以運用一些教學技巧，例如：在缺乏自信的學生旁安排學習陪伴者，協助這些學生參與討論。

　　另一方面若學生已經具有較多經驗，則討論教學策略可以轉變為「咖啡館」討論形式，甚至觀點挑戰形式。

合作學習教學策略

　　合作學習的理念是讓學生在異質小組中與同儕共同學習，彼此互相支援或分享彼此的觀點，最後共享成果，並藉此學習潛移默化，以培養更多的合作行為。而從互相支援和分享彼此的觀點來看，小組成員各自有責任或任務，在彼此協助幫忙下，共享成果即是成功地完成小組任務。因此，合作學習具有小組成員相互依賴、相互影響與相互協助的特色，而其個人與團體的任務設計是促進成效的關鍵因素。

　　在教學策略上，依循學生認知處理歷程包含了五個階段步驟（如圖4.2）：任務理解與分工、完成個人績效責任、激勵他人完成任務、相互分享與協助、完成任務與相互學習。教師再將這些步驟變成教學活動，亦即「1.任務理解與分工→教師解釋任務以及依據學生特質分組；2.完成個人績效責任→教師要求每個人先完成個人所應達到的目標，可能會有先後順序關係；3.激勵他人完成任務→教師鼓勵學生關注他人進度與相互激勵；4.相互分享與協助→指導學生藉由分享察覺他人困難，並加以協助；5.完成任務與相互學習→教師要求每個成員察覺小組任務與個人責任的關聯，並且相互學習」。

圖4.2 合作學習教學策略之步驟化實例圖

　　運用合作學習教學策略時需要特別留意每個成員是互相依賴、互相幫忙、分享資源、彼此相互助長學習。當只有高成就教導低成就學生，低成就學生無法影響高成就學生時，就不是合作學習教學策略，也就無法達到共享成果和培養合作行為的目的。

問題解決教學策略

　　問題解決教學的理念是基於培養學生面對複雜問題難以用單一知識解決，而需要綜合思考各種知識與能力以及積極處理問題的態度，並在過程中獲得解決問題的整合性知識與技能。

　　就學生的認知歷程改變上，學生認知處理歷程包含五個階段步驟（如圖4.3）：喚起基礎知識、接收問題訊息、指出關鍵問題細節、產出策略知識、評估與執行策略。

圖4.3 問題解決教學策略之步驟化實例圖

　　教師再將這些步驟變成教學活動，亦即「1.喚起基礎知識→教師提示與問題相關的先備知識，必要時複習與指導；2.接收問題訊息→教師導讀或要求每個人先瀏覽問題或任務訊息；3.指出關鍵問題細節→教師引導學生察覺關鍵問題以及與問題相關的細節；4.產出策略知識→教師鼓勵學生討論，產出解決問題之策略知識；5.評估與執行策略→教師要求學生評估與運用策略

性知識嘗試解決問題」。

　　教師在運用問題解決策略之時，需要監控學生的解決問題歷程，學生可能會發展錯誤的策略、運用迷思概念或遭遇多次困難後失去信心，進而減低動機或放棄，教師的鼓勵與適時地提示是必要的。通常解決問題教學策略之情境式問題都是相當複雜，可能有不同的觀點，教師可以鼓勵學生小組合作思考、分析、討論與共同評估策略的合宜性。

科技應用教學策略

　　資訊科技在教學上的應用從教師使用科技到學生操作科技，並已有許多變化，若以教師為中心到學習為中心，連續體可以呈現教師應用軟體呈現教材（例如：簡報）、課堂中師生操作科技設備（例如：電子白板）、超越時空的非同步的學習（例如：網路教學平台的應用）以及成為一個教學主體（例如：磨課師）。資訊科技也逐漸從資訊傳遞工具（learning from technology）轉變為學生學習工具（learning with technology），在教學上，也從科技融入教學發展成應用科技的學習素養。

　　從學生認知歷程而言，如果學生平時較少經驗或教材較為抽象，教師可以透過資訊科技與數位媒體呈現擬真的畫面進行教學活動；如果學生需要較多的課餘操作練習的機會，強化學習內容，教師可以透過資訊科技提供學生更多與教材互動的機會；而如果學生需要突破時空限制擴大學習經驗，增加與他人互動學習的機會或培養學生在學習上的科技素養，教師便可以結合無線網路與智慧型科技設備，發展數位學習的教學設計，進一步培養學生應用科技進行學習的素養。

　　不過，教師運用此教學策略時，需要關注部分低成就學生的學習表現，有時候學生表現高度興趣，但那不代表是學習成效。教師不能誤解學習興趣即是學習成效，資訊科技是學習工具，教材內容才是學習焦點，教師需要評量學生認知上的改變。

　　值得一提的是，教師也可以將資訊科技與網路功能運用在上述提及的討論、合作學習和問題解決策略之中，擴大學生學習經驗與思考的機會。

小　結

　　教師在共同備課之前，需要先自己備課，而備課的內容包含學習內容、學習表現與教學策略，這些備課內容需要撰寫下來，本書提供一個參考格式（如表4.1，或見附錄，教師可以自行繪製、加大），自己備課時先寫「自己備課」那欄位的內容，等到共同備課時，教師再將聆聽他人中知覺具有價值的觀點寫在「共同備課」那欄位內（不需要刪除「自己備課」的內容）。

表4.1　教師自己備課紀錄表

項目	細節內容	自己備課想法	共同備課調整
學習 內容 （細部化）	認知 技能 情意 策略性知識 結構要素	（每個欄位務必都要填寫）	
學習 表現 （層次化）	（低層次表現） 誘答題目 技能步驟 （高層次表現） 討論題目 素養題目 情境任務		
教學 策略 （活動化）	教學方法 教學步驟 教學活動		
其他	教學資源		

　　一件很重要的事是，在進行共同備課之前，教師一定要自己先備課，若沒有自己備課，就不會有共備課時的價值分享。然而，自己備課的內容很多，包含學習內容、學習表現和教學策略，亦即又有內容分析、評量題目、教學策略與活動的設計，因此，我建議學校校長、主任或召集人，一開始推動共同備課時，可以先以「學習內容」作為焦點即可，先讓教師體會到價值感，再逐步增加備課範圍。

教師共同備課

　　如果您是剛翻閱此書，並且想要從第五章教師共同備課開始閱讀，或者現在只想要了解什麼是共同備課，我強烈建議您從第四章「教師自己先備課」開始閱讀。原因是共同備課是教師將自己在課程與教學上的觀點相互分享，而分享前需要自己先備課。如果沒有自己先備課，那教師在共同備課時就無法知覺到價值。而如何自己備課或備課時要關注什麼內容，我已經在第四章充分說明。有了第四章的閱讀基礎後，您閱讀這一章，就可以了解共同備課的理念與價值了。

　　基於協同學習的理念以及教師共備觀議課的價值觀點，教師共同備課是一種相互刺激思考，調整自己的觀點，讓教學設計更周延，讓學生學習得更好。

　　另外，我有時候會聽到某些教師說「我要去幫某老師共備課」，這句話似乎沒有充分顯現「價值分享、相互刺激思考」的理念；我有時候也看到許多教師共同備課發展出共同教案，若教師同僚性佳，也有特定目的（例如：申請教育相關計畫），這無可厚非。不過，如果教師未有共備課與友善對話的經驗，我還是建議尊重教師專業自主，不需要共識，何況每個班級學生不同、教師教學風格與特質也不同，協同學習的理念不強調一致性的歷程和結果。因此，我建議學校日常共同備課可以採用「課程相同，但教學內容尊重教師專業自主」的方法，由個別教師自己決定。舉例來說，五年級教師共備課的教材內容都是某一個單元，但至於教學策略可以交由教師自己決定，教師也可以自己決定是否要一致。

第一節　共備課時先說課

　　共同備課不要花太多時間，否則教師可能心有掛念，例如：學生作業批改、教室環境布置等而無法感受到利益。也不需要每個單元都共同備課，我

倒建議可以思考學生最學不會的教材內容或教師最難運用的教學方法進行共備課，因為最難教會的學習內容，若經過教師充分相互刺激思考再發展出好的教學設計，對學生學習才有幫助；如果每一位教師都已經很熟悉的教材單元與教法，學生也學習得有效，就不需要多花時間共同備課了。教師共備觀議課之理念本來就是為了「提升」學生的學習成效而進行的。不過，最難教會的內容或教師最難運用的教學方法為起點立意雖佳，然而，教師可能在分析教材和設計教學活動時遭遇困難，這得要尋求各地教學輔導團、師培大學之教材教法的教授協助。我建議初期先讓教師體會價值，待教師習慣後，再以學生學習最困難的內容作為備課的起點。

　　我也建議不要花太多時間共備課，為了利用大家難得都可以有空的時間共同備課，除了教師先行自己備課外，就是共備課的程序。共備課的程序若形成，教師對話就有焦點，就不會花太多時間在共同備課上。

　　另外，為了讓價值分享的理念呈現，每位教師都要說自己備課的內容，這即是一種說課，另外一種說課的定義是在教學前說明上課內容給觀課者聽，不管哪一種，都是教師說課。本節僅提出共備時的說課內容，觀課前的說課請讀者閱讀本書第六章第一節。

說課說學習內容、學習表現與教學活動設計

　　在教師社群召集人的主持下，每個教師輪流說明自己的備課內容。通常是從核心素養的學習內容、學習表現講到教學策略，也包含學習內容和學習表現各部分細節（請參閱本書第二章）。

　　提及學習內容時，教師務必指出每一個核心知識的構成要素或屬性，這是我多年來的觀察經驗，教師相互分享自己對核心知識的理解後，幾乎所有參與共備的教師，都可以從其他教師發現自己可以再調整、再補充的學習內容。

　　在學習表現上，教師在誘答題目的設計以及情境任務的編擬上，想法

相當多元，既是多元想法，必定可以讓教師相互學習。我的研究顯示，多數教師在聆聽他人分享後，均能調整自己的教學評量，亦即綜合多數教師的觀點，形成自己的教學評量題目或任務，這即是相當有價值的共備與說課。

　　教學策略上亦是如此，教學策略包含教學活動步驟，說課時說出教學的流程，特別是高層次任務的引導流程，都可以讓教師相互刺激思考，甚至說課後集體討論情境任務的編擬，說課便轉變成一群教師共同設計情境任務的場景，倒也呈現另一種具有教育價值意義的說課氣氛。

　　但在說明時，宜有連貫性，亦即哪一個或哪些核心知識的要素、用什麼評量方式以及用什麼教學策略，以主題式的方式說明，但要儘量詳細，說得愈清楚，愈能夠引起他人共鳴。如果教師認為口頭表達不夠清楚，可以準備書面資料給其他參與共同備課的人。不過，初期在教師尚未體會到共同備課的價值時，切勿要求教師準備過多資料與詳細教案，否則教師未能體會價值感，又擔心成為檢視教學活動設計的疑慮，或又開始認為要做許多書面作業，最後可能不願意參與共同備課。

　　如果教師事先有自己備課，通常第一輪由每位教師各自說課發言，待全部說課完畢後，第二輪就交由教師自由發言，可以是請教他人，也可以是回應自己的觀點，這也是教師相互學習的機會。

　　另外，若是教學者參與說課，可以談談自己的教學理念，包含對教育、對學生、對課程、對教學等，這些均有助於觀課者了解教學脈絡。其次，教學者可以在說課時說明班上學生的特質，但僅聚焦在平時學習經驗，勿用價值性語言，以免造成觀課者對學生的刻板印象或產生先入為主的看法。

共備課儘量在一節課時間內

　　由於每位教師被期待在共同備課之前已經有自己備課，因此，共同備課時僅是說明自己的教學活動設計以及相互請教而已。如果一組有五、六個教師，每人三至五分鐘，之後再相互請教詢問，也因為不需要共識（但不排

斥），應該可以在一節課內結束。而共同備課後，若要進行相互觀課，可以中間間隔幾天，讓教學者可以針對共備課的內容進行自我調整。然而觀課後的集體議課就希望在當天進行，這些在後面章節會提到。

教師共備課要在一節課內完成，教師一定要在那之前先進行自己備課。另外，共同備課時，大家說課與討論都是基於課程與教學設計，不談無關的事，共備課要有成效，這些都是關鍵因素。我的研究與帶領教師共備課的經驗中，如果教師先自行備課，在共備課時，幾乎所有人都可以從其他教師的分享中獲得價值性的觀點。更有些時候，教師欲罷不能，共備課有時停不下來，參與教師相當投入課程與教學設計的討論中。

每個人都要說課

共同備課是相互刺激思考，參與教師切勿以謙虛為由，婉拒說課；或以準備不足為藉口，不願意說課；甚至以自己的教學設計具有創意，不願意將自己的智慧分享他人，這些都是阻礙教師共同備課的石頭。協同學習要有效，要能彰顯價值，一定要先做到每個人都分享。

我訪談過一位教師，他提及他認真準備課程與教學設計，結果五人參與就只有他一人分享，從此之後不願意再參與共同備課。至於自認教學創意而不願意說課可能涉及本書第三節提到的競爭型學習風格，根據我在第三章提及的研究結果，兼具協同型與競爭型風格的學習者將表現最佳，如果教師不願意分享自己的觀點，別人也不會分享他的觀點。不過，這得要教師在共備課時體會到分享的價值才行，因為除了個人天生特質外，共同備課的價值體驗或許可以使其學習風格改變。

說課之後可以請同儕教師提供建議

說明自己的課程與教學活動設計後，可以請同儕教師提供建議，特別是

在核心素養的學習內容與學習表現設計上，這不僅可以讓教師有個談論的焦點，也是培養學生核心素養的教學內容。不過，我還是得再度說明，任何來自他人的建議，接受與否都在於自己，自己判斷，不需要受他人影響。反過來說，當教師想要給其他教師建議時，也是相同的理念，以提供自己的想法或相互討論爲原則，並非要求他人一定要遵照自己的方式，不要去要求別人一定要跟隨自己的意念，即使自己的方式在自己班級試驗成功，也不見得適合其他教師和其他學生。

我的經驗裡，有兩位教師在觀課時發生語言上的爭執，原因在於各自認爲自己的教學設計是好的，別人的觀點有問題，而亟欲想說服別人使用自己的。請同儕教師提供建議，大家相互提醒，但自己決定，這才是「協同學習、價值分享」的體現。

第二節 聆聽他人調整自己

當一人在說課時，其他人除了專心聆聽外，也要可以拿著不同顏色的筆（純讓教師檢視何爲自備課內容，何爲共備課內容，無其他特殊意義，相同顏色的筆亦可），將別人所說的且自己覺得有價值的觀點寫在共備單的右邊欄位內（請參考上一章的小結之表格）。這不是抄襲，而是一種自己與他人觀點相互對照比較以及自己評估決定後的學習行爲，每一個參與共同備課的教師都可以如此做。共同備課是教師專業知識相互學習的一部分，在此共同備課時間即是教師相互學習核心素養之教學活動設計的重要時刻。

共同備課中教師持有的態度

共同備課是一種相互學習、價值分享，參與共同備課的教師要能察覺多

數教師均有其教學專業與教學經驗，從某個教師發表其觀點的五分鐘內，察覺一個讓自己教學可用的點子，就值得教師參與。參與共同備課的教師都是自己學校的教師，對學校和對學生的了解一定比校外人士多，有時聽其說家長、學生、環境、早期歷史……，都可能是刺激自己思考與想像的學習來源之一。然而，要聆聽其他教師的觀點以及從他人的觀點學習，自己也要相對地貢獻，貢獻自己的理念與教學經驗才行。

教師相互分享的態度可能與其人格特質有關，我們無法要求每位教師都可以敞開心胸揭露自己，除了第二章提及的學校組織文化與教師相互信任外，還可以做的事就是讓教師在推動初期就體會到價值，察覺這種相互尊重專業、又可以相互刺激思考與學習的活動可以幫助自己的專業成長。有了這種利益知覺，教師共同備課才能繼續。目前已有部分教師社群運作良好也持續進行著，即是那些教師已經察覺同僚信任以及分享的價值。

聆聽他人對照自己

先前提及，說課者說課內容依循教學脈絡，包含學生先備知識、教學活動（包含學習內容和教學策略）、教學評量（或學習表現）。大多數情形是所有參與共備課和說課的教師都是針對同一單元或核心知識進行共備課，但也有少數學校（特別是偏鄉小校，任教某一特定學科的教師僅一人）教師進行共備課時，沒有擔任教學的教師可能不會仔細思考共同備課單元的學習內容、學習表現和教學策略。針對此一情形，我還是鼓勵參與共同備課的人，在參與共同備課之前，仍需要閱讀單元教材內容，先思考核心素養之學習內容與學習表現，至少在參與共同備課時，能說一點相關經驗或內容設計，也能聆聽得懂他人的教學設計內容。

當聆聽他人說課時，任何參與共備課的人需要將所聽到的內容對照自己設計的內容，這種相互比較之後，大腦會主動知覺兩人或多個觀點上的差異，進而產出判斷效應。當發覺別人的觀點有些價值，就是自己學習的成

果。即使自己不會擔任所備課單元的教學工作，對自己的教學知識成長也有相當的助益。

對照比較後調整自己

我建議不管是擔任相互觀課的教學者或只是參與共同備課的教師，仍需要寫下來自其他教師所提出且經過自己判斷過的價值性觀點。有些觀點沒有好壞之分，但各有其價值或使用時機，也可能成為自己教學時可以參考的資源。若發覺同儕教師的觀點似乎比較有價值，可以調整自己的學習內容、學習表現和教學策略。

調整自己原有的觀點並非表示自己的教學專業能力差，每一位教師均有其特定專長或比較了解的學科內容或教學策略，教師應該提醒自己，人人都是可學習的對象、處處都是學習的機會。不過，我要提醒教師，當知覺有價值的觀點產出時，務必要寫下來，否則離開情境即忘，而書寫的歷程也可以幫助自己思考與邏輯整理。

另外，這種共同備課的紀錄和後續的調整不需要給他人檢閱，學校校長或教務處也不需要檢閱教師的紀錄簿（若學校校務評鑑所需，那可以商請教師提供）。我的觀點是讓教師在心理安全友善的環境下，相互學習以及專業成長。

教師在共同備課時，一面聆聽其他教師的觀點，一面比較和自己觀點的差異，再將認同的觀點補充在共同備課紀錄表的右邊欄位內，如表5.1（見附錄）。共同備課是自我調整，不需要塗掉先前自己備課的想法，也不需要產出共識，這是教師協同學習的理念與價值所在。

表5.1　教師共同備課紀錄表

項目	細節內容	自己備課想法	共同備課調整
學習 內容 （細部化）	認知 技能 情意 策略性知識 結構要素	（不需要更改）	（調整、補充、修改）
學習 表現 （層次化）	（低層次表現） 誘答題目 技能步驟 （高層次表現） 討論題目 素養題目 情境任務		
教學 策略 （活動化）	教學方法 教學步驟 教學活動		
其他	教學資源		

思考自己的學生學習

　　共備觀議課不是應付上級單位，也不是教師間的人情作為，而是教師為了解學生的學習投入教學專業成長的歷程，因此，共備觀議課的焦點都是學生的學習。當教師與社群教師進行共同備課後，再思考對自己學生原有的課程與教學設計，想想有哪些疏漏之處，若核心知識的構成要素不夠充分，學生就會有迷思概念；再想想原有的教學評量是否無法檢測學生的核心知識，或者是所設計的情境任務是否過於困難；也可以再思考，自己所運用的教學策略是否只是一般教學技巧，無法讓學生產生認知改變；或者是已經運用教學策略，但聆聽他人觀點之後，是否覺得自己的教學策略過於簡要，應該要更細膩地處理。

教師只要再度思考上述這些內容，在實際進行教學時就會多細心一些，而學生學習也可能更有成效一些。教師參與共備觀議課的理由就是為了學生的學習成效，因此，教師參與共備課後，無論是否擔任觀課時的教學者，都需要再度思考自己的學生如何學習。

省思自己的教學專業

當思考過學生的學習後，教師再省思自己從共同備課中學習到什麼，獲得多少關於教學的好點子或察覺到自己原有疏忽之處，例如：對於某個學科內容是否知道如何分析核心知識與構成要素，或是對以前常用的合作學習教學策略有了震撼性的觀點改變，如果教師能夠察覺這一些，就具有一個專業教師的特質。當教師專業成長是建立在學生的認知改變上，當教師戮力為學生的學習調整自己，專業成長便有了起點。不過，這只是起點，仍需要將調整過的教學設計付諸實踐，了解學生真正的學習情形。

第三節 主題式的共備（觀議）課

我參與過許多教師的共同備課，愈來愈多的教師如同上一章和本章所提的以學生學習為本位的共備課，教師也實際進行自己備課和共同備課，由於專業自主、氣氛融洽，也能體會到共同備課的價值性。然而，可能由於教師經驗尚且不足或對十二年國教課綱之核心素養掌握不夠充分，如果學校要推動核心素養的共備觀議課，可以運用主題式的共備觀議課模式。亦即學校可以請教師社群先提出與學生學習有關，又想要在某方面專業成長的主題，主題最好就是教師平時要進行教學的課程內容、教學策略或學校本位課程的內容設計。例如：差異化教學策略、數學幾何的內容分析與教學。再以此主題規劃讀書會、自備課與共備課，以及了解學生在這主題上應該要有的學習表

現，藉以調整教師的教學，達到專業成長的目的。

主題式的讀書會

　　從教師讀書會開始，讀書會宛如是教師教學知識應用前的基礎知識相互學習的機會。主題式的讀書會需要設計，重點內容包含讀書會閱讀或聆聽的內容以及產出與教學設計相關的心得。

　　我建議由教師自訂主題，或由學校教務處擬定主題，由教師選擇與安排順序。如果學校教師沒有共備課經驗，可以選擇比較容易進行教學設計的主題；如果學校已經具有豐富經驗，則可以安排學生學習有困難或比較難設計的教學活動主題。另外，若學校申請教育相關計畫，例如：行動學習、磨課師等，也可以將此計畫內容視為主題，讓教師經驗讀書會、自備課與共備課、觀課與議課的歷程，進行專業成長學習。

　　當教師確認主題後，由教師社群自己找尋，或請學校行政單位協助提供與主題相關的書籍、教材、影片，可以先請教師瀏覽過並且針對主題內容在課程與教學設計中的應用提出自己的作法，最好在讀書會聚會的前一天之前就先完成。社群教師聚會時，像是共備課那樣輪流分享與討論，教師相互刺激思考。如果比較難以理解的教材內容或教學策略，可以請具有該主題經驗的專家和教師前來說明。不過，教師還是得產出與相互分享，如此才能讓教師深入思考主題。

主題式讀書會的實例

　　主題可以是學科內容、教學策略或是教師關注學生學習的任何議題，本章以「合作學習教學策略」為例，如表5.2。

表5.2　主題式讀書會（合作學習教學策略）閱讀材料之參考實例

讀書會之「合作學習教學策略」

編輯者：劉世雄

壹、閱讀文本

　　當前已有教師常在教學過程中運用合作學習教學策略，但合作學習不是把學生分組就好了，教師要了解原點，知道其脈絡發展，才能在教學過程中適當地或調整地應用。

一、合作學習的原點

　　在美國黑人解放初期，學校開始接受黑人上學。不過，學生進教室後，黑人主動聚集坐在一起、白人也聚集在一起，黃種人也是。上課教授覺得納悶，知覺黑人堅毅、白人創意、黃種人勤奮，若把不同的人分在一個小組，再加上任務設計可以讓每個人都有所發揮，學習成效一定更好。教授開始設計具有需要堅毅、創意和勤奮特質的任務，並在解釋學習任務後，要求學生完成。果不其然，各組表現超乎教授的預期。

二、合作學習的基本要素

　　合作學習是在教室的學習環境中，教師提供一個學習環境，讓學生在異質小組中與同儕共同學習，各自發揮特質、彼此互相支援或分享彼此的觀點，最後共享成果，並藉此合作的學習歷程，潛移默化以培養更多的合作行為。

　　合作學習大都包含下列五項要素：

　　1.積極互賴

　　學生能知覺到自己的成功有賴於整個小組獲得成功，小組若失敗，自己便無成功可言，因此小組內每一個成員都應該共同努力，以完成任務。

　　2.彼此助長

　　知識是個人經由不斷與周遭環境或他人互動而發展來的。組內成員需要助長彼此學習的成功，鼓勵或相互刺激組內成員努力完成任務、達成共同目標。

　　3.個人責任

　　合作學習小組成功是界定在組內每一成員的績效責任，進而產出整組任務成功，而不是以小組某一個成員的成功來代表小組，不顧其他成員的表現。因此，除了強調小組的整體表現外，同時也強調個人的績效。

　　4.人際技巧

　　合作學習小組每一個成員若有良好的互動技巧，則將會有高品質、高效率的學習效果。教師要教導學生：領導、相互信任、溝通互動技巧、相互支援、化解衝突。

5.團體歷程

小組學習效能有賴於每個小組能夠檢討其運作狀況和功能發揮程度、辨識分析小組目標達成程度，並決定何者宜繼續存在，何者宜調整活動，以促使小組成員合作努力達成小組目標。

因此，合作學習有其獨特性，和其他教學方法是有區別的。真正的合作學習小組，每個成員是互相依賴，互相幫忙，分享資源，彼此相互助長學習。

貳、學習與成長

1.以一個學習任務為例，提出合作學習之教學應用原則，至少包含**任務設計**、**分組技巧**和**教學活動階段**。
2.分享與回饋

教師在閱讀文本之後，一定要先在「學習與成長」的任務上產出，之後，再進行分享。如同教師自備課與共備課一樣，每一位教師都先產出自己的觀點，特別是在教學設計中應用的想法，再相互分享、刺激思考。

主題式讀書會的功能

我走訪全國許多學校，也察覺少數教師專業知識相當不足，有些教師較少教材分析能力，有些教師教學時可能連學生行為都難以掌握，更甭說學生學習心理的察覺。本書提及的教師共備觀議課是以教師具有基礎教學專業知識為前提，而教師協同學習是教師價值分享、相互獲利。如果教師缺乏教學基礎專業知識，進行共備觀議課之教師相互分享與相互刺激思考時就會發現專業不對等的情形，進而影響部分教師的參與意願。因此，藉由主題讀書會的運作，在實際共備觀議課之前，充實教師的基礎知識，是各學校遭遇上述問題時的一種可行作法。

學校教師教學文化各有不同，不一定每一位教師都願意相互分享，但可以讓教師願意長期投入的是教師察覺到價值分享的利益，亦即可從分享與討論中獲得專業學習心得，主題式讀書會運作時，就需要讓教師體會到如此利益知覺。

◎ 主題式的自備課與共備課

　　當教師對該主題內容具有基礎知識後，每位教師就針對那個學科內容、教學策略等主題進行教學設計，如同教師自備課，教師需要提出學習內容、學習表現與教學策略。我建議也包含核心知識的構成要素、學習表現的評量題目與情境任務，以及教學活動步驟。再經過教師共同備課，相互刺激思考，調整自己原有的課程與教學設計。

　　由於主題式的自備課與共備課具有明顯的範圍，建議教師社群可以深入探討。如果每一位教師一學期參與兩次主題式讀書會與共備觀議課，十年便有四十個主題的專業成長學習，這可能比參加校外教師研習的價值性還要高。

◎ 主題式的相互觀課與集體議課

　　主題式的自備課與共備課後，再由一位教師擔任教學者，其餘擔任觀課者。因為這個教學與觀察聚焦在先前大家所討論的主題，大家比較熟悉。不過，觀課與議課還是得針對學生在該主題上的表現，如果時間充分，再討論與主題無關的內容。相互觀課與集體議課的作法，在本書第六章和第七章說明。

◎ 共備觀議課的主題來源

　　這種主題式的共備觀議課對教師的專業成長有極大的幫助，因為這是從教師平時教學經驗中產出的議題，主題可以是學科內容、教學策略、測驗題目以及各種與學生學習的觀察……。

　　一般而言，學科內容和測驗題目的共備課比較容易，不過若是小型學校，任教某一科目的教師僅有一位，在學科知識上的共備可能有困難，這些學校可以挑選學校本位特色課程（下一大段說明）以及教學策略為主題，例

如：合作學習之教學策略的應用，畢竟合作學習之教學策略可以在許多領域中融入教學活動設計。

值得一提的是，測驗題目的共備課是一個教師可以立即參與的主題，若一個教學領域有五位教師，每一位教師可以先自己命題十個題目，五位教師一起共備課時就會有五十個題目，再從中篩選與安排難易度，可能每一位教師都可以同時攜回二十到三十道題目，只要每個人命題十題，就可以獲得兩、三倍的題目。這個價值不僅在於節省教師命題的時間，而是大家共同討論學習評量的範圍、廣度與深度，對於每一位教師的教學均有助益。

不過，如果學校教師尚無法接受以共備觀議課的方式進行專業成長，學校可以先調查教師對課程與教學的需求，先規劃多次讀書會。因爲參與讀書會需要閱讀與產出自己的觀點，如同自備課和共備課一樣，因此主題式讀書會可以培養教師社群以單一主題分享觀點的態度，包含讀書會前的準備、教學實務原則的轉化等，有主題焦點便有利於教師價值分享、知覺協同學習的利益，以及自備課與共備課的推動。

適合學校主題特色的發展

除了先前提到的主題外，學校亦可以分析學校情境，在發展學校本位課程與特色課程時，以此主題式讀書會和共備觀議課的方式促進教師專業成長學習。我的觀察顯示，許多偏鄉地區或小校大都以學校本位課程進行教師共備觀議課的主題內容。因爲一個小校內，任教學科領域差異大，可能一個學科領域只有一位教師，難以共備課。不過，若以學校本位課程，小校多以低年段、中年段和高年段建置課程內容，如此便有較多的教師可以參與共備觀議課。

我訪談過許多中小學校長與主任，部分校長提及學校教師對學校本位課程的發展不是很熟悉，也不是很積極投入。原因除了學校本位課程之多數內容不是家長關心的考試內容外，教師也欠缺學校本位課程轉化爲課程內容與

教學活動設計的知能。

由於學校本位課程是基於學生學習表現為基礎，更考慮到學校的特色發展，以主題式的方式進行學校本位課程之教師共備觀議課，可以讓教師先行體會共備觀議課的價值，特別是小型學校對持續推動共備觀議課的教師專業成長學習有相當大的助益。

小　結

自己先備課比共同備課重要，共同備課僅是教師相互刺激思考，價值分享，進而調整自己的課程與教學活動設計。教師共同備課要成功，一定先自己備課，如果沒自己備課，協同學習的價值性將無法體會，很難繼續持續下去。然而，教師在進行共備課時，每個人都需要分享自己對學習內容與學習表現的觀點，即使沒有擔任共備後觀課的教學者，也需要分享，並聆聽他人的觀點，當他人需要提供建議時，可以立即協助。

再者，教師不僅是參與自備課、說課和共備課而已，共同備課後需要再思考自己的學生學習以及省思自己的專業。教師的專業知識是自己建構的，建構知識是發生在自己觀點與他人對照後的自我省思，不是發生在互動的過程。只有自我省思過，專業成長學習才會有起點。

另外，主題式的讀書會、說課、共備觀議課可以讓教師的專業學習更聚焦，而以學生學習困難或需求為焦點的主題，會讓教師更願意投入。從另外一個角度看，當教師對共備觀議課仍有疑慮或焦慮時，或者是教師尚未有經驗，學校校長或教務主任想要先讓學校教師體會教師協同學習的價值時，就可以先以讀書會的方式討論一般的課程設計與教學活動。然而，教師參與讀書會仍然需要先產出自己的觀點，再相互分享、相互刺激思考，這是協同學習重要的理念，而價值也需要在產出自己觀點，聆聽他人，刺激自己思考後才能產生。協同學習才有成效，專業成長也才有成效，互動前每個人要先產出自己的觀點務必要做到。

第六章

教師相互觀課

　　前一章所提，當教師戮力爲學生的學習調整自己，專業成長便有了起點。不過，這只是起點，仍需要將調整過的教學設計付諸實踐，了解學生眞正的學習改變情形。而在教學實踐時，一個教學者能關注在學生表現上的心思有限，大部分心思在於思考下一步要做什麼事、要講什麼話。因此，需要其他教師進班觀課，協助觀察學生的學習表現。

　　我在本書第一章提及，我不想使用「公開觀課」或「公開授課」這一詞語，「公開」一詞可能是爲了對照傳統教室教學全由教師獨力運作，教師不開放其他教師進班觀察，連校長要進班觀課可能都得經過教師同意，如此情形下，即使學生學習困難，教師也可能無法充分察覺。不過，先前已經提及，一位教師教學時的心思僅有少部分停留在學生，大都在思考下一步的教學動作和語言，因此，才需要教師們相互幫忙觀課，而且從觀課和議課中相互學習，這也是我常用的「相互觀課」這詞的理由。

　　再者，預計108學年度開始，全國中小學教師每學年需要公開授課，我建議全國教師不如把公開授課的作法提升到一起觀察學生學習表現，讓「公開授課」的價值提升。

　　教師相互觀課觀察學生表現，有別於傳統的觀察教師的教學行爲，何況十二年國教課綱總綱是以核心素養架構，核心素養是指學生的學習內容與學習表現，因此，素養導向的觀課即以學生在核心素養的表現情形爲觀察焦點。

第一節　觀課前準備

　　或許部分教師還是認爲課室觀察時，觀課者應坐在教室後面，關注教師的教學行爲與成效，導致教學者爲了避免教學品質不佳而接受到一些「建議」（其實教師聽起來就是指著教學成效不佳），他們往往在教學前會先演

練，甚至要求學生在觀課時配合表演。這樣的觀課就不是爲了學生學習，只是爲了呈現一套較好的教學「樣子」。先前第四章提及，教師們應該共同找出學生學習最困難的地方，爲學生設計教學活動，再進班觀察學生在這些教學活動下的學習情形；若學生學習困難已改變，學習效果提升，那表示教師的教學活動設計有效，學生學習成長，教師的專業也成長。因此，以學生學習爲本位的共備觀議課不應該像傳統那樣觀察教師和聚焦在教師教學行爲，而是觀察學生，記錄與了解學習困難，進而一起思考教學策略協助學生學習成長。

觀課前先向學生說明

學生在課堂學習時，可能會因爲教室內有其他教師觀課而影響其學習，這包含比平時過於安靜或過於情緒高亢不過。根據我的觀察，學生大約經歷過三次就不會在乎、就習慣了。教學者可以向學生說明觀課的目的、觀課的內容以及觀課者是誰。

我曾在南部一所高中觀課，觀課前我對學生說：「各位同學，等一下會有幾位其他班級的教師進來看你們學習……你們平時上課時有沒有對於某些內容聽不懂，但又說不上來哪裡聽不懂，那時很希望有一個你熟悉的人在你旁邊看著你寫講義，之後老師們一起討論怎麼把你教會……」，當我說完後，多數學生點著頭，似乎認同我說的話，也接受教室內有其他教師的事實。

每一個學生都希望自己學得好，只是太多因素，可能連自己都無法清楚的因素讓自己學不好。另外，我的觀點是「全校老師都是全校學生的老師、全校學生都是全校老師的學生」，教師一起關心學生學習，進班觀察學生，幫助學生學習成長，是教育的本質。教師在觀課前向學生好好說明，教師爲了學生好，學生都是可以接受的。

是否需要經過學生同意才能觀課

有些教師對我提及，教師進班觀課前需要經過學生同意。若以研究倫理的規範，是應該經過「家長」的同意，而不是經過學生同意，畢竟絕大多數學生未成年、未滿二十歲。

然而，我曾經對一些家長表示，教師進班觀課是觀察學生學習表現，幾乎所有家長都同意。每一個家長都希望知道自己的孩子在學校學習的情形，特別是收到比自己預期還要差的學生成績單時。況且，進班觀課已將是日常活動，孩子也將逐漸習慣，觀課者又是校內教師，我的研究結果顯示，當每一個家長知道不只一位教師關心自己孩子學習，以及想要幫助孩子學習得更好時，所有家長都同意。

再者，研究倫理規範之「審查案之判定準則」也提及「於一般教學環境中進行之教育評量或測試、教學技巧或成效評估之研究」得免送倫理審查委員會審查或由倫理審查委員會核發免審證明。教師本是為了學生學習思考教學策略，教師進班觀課對教學策略與學生學習成效進行評估並沒有違反研究倫理規範。

觀課者是否可以錄影也是討論的議題。我認為觀課者既是校內教師，就是學生的老師，老師記錄學生的學習歷程是合理的，只是錄影資料僅做議課討論用，不可以有其他用途。我也強烈建議，議課討論後要刪除錄影資料。

教學者說課

為了讓觀課者了解教學流程，以便掌握觀察內容，在觀課前，教學者需要花費二十分鐘對觀課者進行說課。無論觀課者是否參與共同備課，教學者仍然要說課，原因在於教學者可能在共備課時獲得同儕教師的好點子後調整自己的教學活動設計。

教學者除了說明教材內容、教學流程與教學評量外（可以用教學活動時間軸的方式說明，以讓觀課者了解觀察時可能發生事件的順序），也可以

提供學生座位表，讓觀課者察覺自己觀課的對象。另外，教學者也需要說明班上學生的先備知識以及平時的學習情形。不過，提供學生學習相關資料要多詳細是一個矛盾的議題，若過多，可能造成觀課者的刻板印象，若太少，則觀課者對學習資訊掌握不清楚。例如：一位教師提醒觀課者關於一位學生是輕度智能不足的兒童，導致觀課者對該生學習情形不佳便有些合理性的說法；而教學者未提及學生社交關係，導致觀課者對於該生不參與同儕討論認定不投入學習。

　　為了讓其他教師了解教學脈絡，說課時可以提出以學生學習為主軸的教學設計內容，包含三個議題：學生先備知識、教師教學活動、學生在上課時要做的事。例如：「我的學生大部分來自……因此，我打算設計比較低層次的教學活動……我希望他們可以表現……」、「我的學生已經被我訓練一年的合作學習……我規劃分組合作任務……我這次希望他們做到更……」或是「我的學生沒有使用過電腦……我多提供了兩節課帶他們到電腦教室……我要他們做出……」。

　　教學前的說課對於參與觀課卻沒有參與共同備課的教師相當有利，可以讓他們了解教學脈絡與歷程；也或許參與共備後，但教學者臨時調整內容，都可以在此說課中說明，讓觀課者更了解。

　　說課最後，教學者還可以說明請觀察者協助觀察的事項，例如：「張老師，您幫我看第一組」、「李老師，您幫我注意我們班那個……」或是「王老師，你幫我看看我帶領學生討論時，幫我聆聽學生討論的內容」。

　　教學者也可以在課後提供學生相關資訊，和觀課者一起討論學生表現的原因，這可以彌補上述說課時的不足。

　　簡單來說，說課不僅可以讓參與共備者或教學者將基於學生學習條件的教學理念與教學活動表達給他人聽，也可以藉此商請觀察者協助，在這樣的教學下，某組、某個特定學生的學習情形將會被關注。若再以核心素養思考，藉由說課更能讓觀課者關注學生在核心素養的學習內容與學習表現的情形。

觀課者座位安排

既然是觀察學生，觀課者的位置就應該在可以觀察學生的地方，除了觀察學生表情，還得要觀察他們書寫、操作或同儕互動討論的情形，觀課者通常坐在教室兩旁，有些觀課者坐在學生旁邊，只要不影響學生視線或學習互動即可。

我建議觀課者不要太多，這一兩年有些單位辦理教師觀課的研習活動，爲了讓教師熟悉觀課歷程，往往有三十位教師進班觀察十五位學生學習，但這只是讓教師體驗觀課的作法而已。以自己學校安排而言，一組學生不要超過三個觀課者，但仍視教室空間、學生人數而定。只要觀課者和教學者能夠相互討論學生學習表現，又不影響學生視線和師生互動討論，大都可以接受。

教學者安排觀課者關注的焦點

教學者最了解接受觀課的班級學生，教學者最知道哪些學生最需要被關注，不只是低成就學生、學習障礙學生，也包含高成就學生和社交關係影響學習的學生。每一個人的認知負荷有限，不可能短時間內又要記錄又要觀察全部學生，因此，教學者可以先思考該次觀課先以哪些學生爲焦點，再請求觀課者協助觀察。

雖然以學生爲觀察焦點，不過不只是學生學習外在行爲，也要關注學生的認知改變歷程，這便涉及到學生在學習內容上的學習表現，換句話說，以某些特定學生爲焦點，但該學生在教學歷程中的所有學習表現都應該被關注，可能包含學習單上題目的理解、與他人互動討論的情形……。教師在說課之後，可以請求某些教師觀察某些特定學生在書寫或討論的情形，以綜合判斷學生表現與學習成效。

觀課禮儀

教師進班觀課是為了觀察學生，應該讓學生平時的學習情形真實呈現，如此才能充分了解學生的學習表現。因此，觀課者宜注意下列六點觀課禮儀：

1. 不可以干擾教師上課。
2. 不可以和學生說話。
3. 不可以幫助學生，即使學生學習有困難。
4. 觀課者之間不可以交談。
5. 不要擋到教師或學生的視線。
6. 不要去拿學生的東西。

觀課者進班觀課宜保持微笑，對學生主動來談話也僅是微笑和揮手請其回座位，讓學生習慣這群教師僅是來關心他們的學習，不是學習時的求助對象。教學活動的掌控權是教學者，任何影響教學活動的行為應該都要避免。

第二節　觀察學生與記錄

一旦開始上課，就是觀察的起點。傳統觀課教師通常觀察：1.教師解釋教材的方法（例如：講解、示範）；2.教師所提供的學習活動（例如：活動解釋、過程監控）；3.教師用來促進學生學習的資源（例如：教學媒體、教具）；4.教學評量類型與內容（例如：提問、書寫、練習）。這些不是不觀察，只是觀課者多為教師，稍微觀看教師或聆聽教師語言大致就可以知道教師的教學行為，觀課者要在乎的是學生的學習以及記錄學生的學習情形，如

果過度關注在教師以及把過多的注意力放在教師身上，可能就會忽略記錄學生的學習表現。

觀察學生的聆聽

教師進行講述活動或解釋教材大多是教學活動的起點，部分教師這時會藉由實例講解核心知識與其構成要素，學生的專心聆聽是接收訊息的關鍵要素。略具經驗的教師可以從學生的表情、眼神察覺學生是否專心聆聽。

再者，幾乎所有教師都會在課堂上詢問學生問題，此時觀課者就要詳細關注學生回應教師的行為、語言。不只是外在行為，學生的回答內容是讓觀課者判斷學生是否理解教材內容的重要來源。

有些學生會主動舉手發言，或當教師發布問題並詢問誰知道時，會有許多學生舉手，不過，學生舉手並不表示學生已經理解。有些學生可能懂部分，也有學生把舉手當作從眾行為，附和他人而已。觀課者也需要記錄學生舉手行為，與其他行為綜合判斷之。

觀察學生的書寫與操作

通常教學者講述核心知識後會要求學生寫講義或習作，有時教師也會在教學過程中發布思考問題後，要求學生寫在小白板、筆記或學習單上，這是學生對於教材內容的重要回應，觀課者務必掌握，並靠近學生（以眼睛可視書寫內容的距離），了解或記錄學生書寫的內容。

不僅如此，有些學生在書寫時可能眼睛會偷瞄旁邊同學的答案，或是寫完之後，會再去觀看其他同學答案。這些與書寫相關的行為，都可以用來檢視學生對教材的理解情形，也可以評估學生學習的習性或社交關係。

另外，屬於技能性的活動上，教師可能會要求學生操作某些儀器或設備，如同書寫內容，觀課者除了觀察個別學生的操作情形外，也要了解所觀察的學生與其他學生練習時的往來動作。

觀察學生與他人的對話

上一段所提的同儕互動是學生自主行為或是習慣性行為，而本段提及的互動對話是指教師要求學生討論或合作等同儕互動行為。

部分教師會在課堂中要求學生討論講義的答案，或是發布問題要求學生思考與對話，這些觀察內容也是學生理解教材內容的重要資訊，教師不僅要記錄學生互動行為，也要聆聽學生對話的內容，必要時蹲下來仔細聆聽。有些學生的對話脫離學習內容的討論，有些對話可以察覺學生對自己學習的自信程度，而有些對話是針對教材內容深入探討，了解這些對話內容可以察覺學生對教材內容的理解之深度和其他相關的學習情形。

觀察學生策略性知識的應用

學校進行教師共備觀議課促進教師專業成長之初期，特別是觀課活動，通常只會觀察一節課，這是為了讓教師體會觀課觀察學生以及為學生學習投入心力的感覺，不過，觀察一節課無法充分了解學生的學習情形，特別十二年國教課綱之核心素養的表現情形，可能無法在一節課內完全了解學生的認知歷程與學習表現。

當學校教師和學生已經習慣這些觀課活動，教師也開始為學生設計情境任務，觀課內容就必須要加入學生運用策略性知識完成任務或解決問題的歷程。我這邊提及的是「歷程」，亦即需要關注學生的基礎知識、面對任務的理解情形以及運用策略性知識完成與解題的結果。

觀課者要特別注意觀察學生間的差異，一定會觀察到部分學生的高度正向表現，也會察覺部分學生可能只是學習過程中的「陪客」，陪著人家上課的角色。這種情形會明顯地出現在教學者進行高層次思考之活動中，觀課者務必察覺。

觀察學生的認知、情感與社交行為

　　許多學生行為會在教學者和觀課者的預期範圍，當教師教學活動進行，多數學生會依循教師的引導而呈現應有的行為表現。不過，總是有些學生不是如此，而這些行為有時還是具有評估學生表現的關鍵作用。

　　教學者在講述時，可能就會有學生玩著自己的筆、教具和畫著課本，或者是學生會開始抄寫筆記，教師需要關注這些行為，甚至去了解學生的筆記是抄襲教師所說的話還是經過摘要整理過的內容。

　　其次是學生的情感反應，有時候學生臉上喜悅的表情都透露著部分的訊息。

　　另外還需要關注學生的社交關係，有時候還不到討論時間，左右兩同學便開始對話，或是教師要求學生相互討論時，總是有些學生被排擠。學生相互討論或一起完成某件事情時，觀課者要去察覺部分學生是否因為人際關係而無法參與學習活動。

　　核心素養導向的觀課不僅要察覺學生的學習內容之理解與其學習表現情形的「果」，任何可能是學習的「因」也都要去察覺，有時候這些「因」就是來自於教師先前無法預知的事。

記錄學生行為表現並推論到學生認知歷程

　　學生要具有學習成效，一定是在大腦的思考上產生變化，大腦對訊息的處理歷程透過外在行為表現顯露出來。**我的觀課理念不僅是「觀課觀學生」，也需要「察覺學生認知改變」**歷程，教師進班觀課要先有這樣的思維。

　　我舉兩個例子，下列第一段話是指教師觀課觀察記錄教師教學行為，第二段話則是觀察記錄學生行為與推論學生困難。

......教師使用加分機制，每一組低成就學生只要上台報告就加三分，高成就學生上台報告只加一分......教師呈現自己製作的投影片，內容非常完整且具有結構......教師帶領班上小組一起遊戲，安排程序上講解清楚，互動氣氛很好......教師善用貼紙獎勵，學生很喜歡，我想可以引起學生學習動機......

......我發現3-1同學在教師解釋教材時正玩著他桌上的教具，他的學習注意力似乎已經失去......3-2同學上課正聆聽著教師解釋教材，表情也略跟隨著教師的語言有所變化，但是教師提出一個簡單的問題問他，他卻答不出來，之後，學習單上的題目也不會寫，這可能是先備知識不足造成理解上的問題......

如果教師的觀課記錄如同上述第一段，我們應該可以說，這個教師的教學行為極佳，卻無法知道學生的學習成效；然而，如果觀課是要察覺學生困難，協助他們學習，觀課者就要如同上述第二段那樣地記錄學生行為且推論到認知上的學習困難。

◎ 觀課者是一個比教學者還忙碌的人

進班觀課不是如同早期那樣坐在教室後面，拿個觀察紀錄表勾選教學者的表現行為等級，偶而還可以分心想個事情或滑個手機看個訊息。當前進班觀課的人具有相當大的責任，他們需要全神關注在被指派觀察的學生身上，學生的一舉一動可能都是重要的資訊來源，觀課者除了觀察又要記錄，相當忙碌。

不僅於此，觀課者不是把觀課紀錄交出來或交給教學者即可，觀課者需要於課後分析學生學習表現，並且提出因應的教學策略。以前的觀課活動，大家都會關注在教學者的教學行為，未來的觀課活動，觀課者的行為以及議課時提出來的觀課觀點都會被強烈檢視。

　　教師相互觀課是教師相互協助觀察學生，這是理念也是責任，教學者和觀課者共同為學生的學習投入心血，蒐集與分析學生表現，提出策略因應，學生學習正向成長。所有教師也可能因為自己觀課與教學心得，和同儕教師相互刺激思考後將心得應用於教學中逐漸提升自己的教學實務知識。當教師的教學實務知識由「學生學不懂到學得懂」的改變歷程，這即是教師專業成長之成效，這部分將於第七章「評估教師專業成長」中說明。

觀課能力與教師教學實務知識有關

　　即使兩位教師同時觀察某一個特定學生，觀察與評估表現可能也會不同，或是觀課能力可能也有差異，這涉及教師的教學實務知識。教學實務知識是不同於教學理論知識，教學理論知識來自於書籍和文獻，而教學實務知識來自教師的自我建構。一個教師的教學受到其教學理念、教學知識以及教學風格的影響，再透過許多教學經驗，逐漸建構自己的教學實務知識。觀課時觀察的焦點亦是如此，不同教師實務知識的教師所進行的觀課紀錄會不同，對學生表現的詮釋與解釋也不同（第七章教師集體議課中說明），這是合理的。

　　這社會上任何具有專業的行業也大都如此，何況教師觀察的對象是學生，由人觀察人，本來就不會有一致性，觀課者與教學者不需要太在乎這種不一致性。觀課教師只要詳實觀察與記錄學生學習表現，再於議課時集體討論即可。

　　不過，針對學生學習困難上的推論，確實需要教師具有專業且敏銳的知覺，地方教育局處或學校可以安排類似的訓練，包含觀察學生行為與認知歷程的關聯。教師若有此能力，進班觀察要察覺學生認知改變，進而判斷學習成效與困難就不會有太大的問題。

第三節　評估學生的表現

　　教師共備觀議課的理念本是察覺學生的學習困難進而協助學生學習，觀課是蒐集學生表現資料的時機，但上一節已經提及觀察焦點可能因不同教師具有不同的教學實務知識而有所差異。然而，當觀察與記錄學生表現後，如何判斷學生表現以及可否正確判斷學生表現，是當前學校實踐共備觀議課理念中一個重大的討論議題。正確評估學生表現不容易，除了教師教學實務知識外，還包含投入觀察的時間，時間愈多、資料蒐集愈多，便可能愈能準確描述與評估學生表現。不過，在推動教師共備觀議課初期，先讓教師體會自己觀點透過與同儕教師互動而不斷擴大的價值，之後，再不斷精進即可。

◎ 記錄多次行為表現增強信度

　　前幾年教師進班觀課時，部分觀課教師會不斷地記錄學生學習表現，另有些教師只看學生動作時才會進行記錄，這些尚未有研究去判別何者較為適宜。當前的觀課活動上，觀課教師被鼓勵針對一組或一兩位學生進行觀察，有焦點對象的觀察與記錄得以詳實，教師不能只是記錄單一行為，否則可能對學生學習產生誤判效果。

　　舉例而言，一個學生上課專心聆聽教師講解，表情也隨著教師的語言而有所變化，若以此判斷學生已經理解教材，似乎不夠準確。後來，這位學生在書寫講義時無法寫出來，在教師要求同儕討論時也無法解釋自己的答案。綜合三次的行為（專心聆聽、沒寫、無法解釋），教師可能判斷學生缺乏先備知識，有聽但聽不懂。

　　我發現教師可能在觀察學生的紀錄上需要有紀錄的指引，因此，我根據教師的需求發展觀課紀錄表（教師可以自行繪製並調整表格列高欄寬），如表6.1（見附錄）。

表6.1 教師觀課紀錄表

觀察對象	學生行為表現記錄
（ 組或人 ） 學習過程：聆聽、回答、討論、操作、書寫的表現 學習表現：在學習內容上的學習表現	行為1
	行為2
	行為3
	行為4
從學生多個行為推論學生表現的原因	
擬定教學策略	

其中的行為1、行為2、行為3（也可以有行為4），即是針對一組或一位學生在不同時間點呈現的行為進行記錄，教師再綜合這些多次的行為記錄，推論學生表現的原因，再寫在表6.1之「從學生多個行為推論學生表現的原因」右方欄位中。

觀察指標僅能參考

國外許多研究發展出觀課向度與學生表現等級勾選紀錄表，不過，經過多數研究，可行性並不一致。有些研究顯示，針對學生特定表現勾選等級分數，與學生實際表現分數有顯著且中度相關，但也有其他研究指出兩者無達顯著相關。會有這樣差異在於教師解讀指標的內容不一致，另外一個原因是，教室內的教學情境過於複雜，特定任務的指標並不完全適用，而有些情境表現卻不知道納入哪一個指標內。

學校剛開始進行教師共備觀議課時，我建議還是以大面向的角度為觀察焦點，亦即學生聆聽、書寫、互動之情形為主要向度。不過，對於欠缺觀課經驗或尚無充分教學經驗的觀課者，可以參考教師專業發展指標或學生表現指標進班觀察，從指標的內容去釐清影響教學的原因，藉此觀察與記錄學生學習表現。

　　然而，我強烈建議把觀察紀錄表中對教師教學的評比刪除掉，有些觀察紀錄表會呈現教師教學的「優、良、普通、劣、差」或「5、4、3、2、1」等級的分數，這些對觀察學生記錄毫無任何意義，反而會讓教師知覺教師教學行為被檢視，影響投入的意願。況且，既然相互觀課不是教師間的相互評比，勾選教學等級似乎意義不大。

留下學生學習成長的證據

　　經過教學者的教學演示與觀課者的課堂觀察和資料蒐集，除了分析學生表現之外，也要蒐集學生表現的證據，特別是學生書寫的內容。這些內容的統計分析或者是描述會比僅有拍攝學生的照片好，一張學生學習靜態的照片可能無法充分呈現訊息。

　　教師參與共備觀議課需要有學生學習成長的資料來對照教師專業知識的改變，若是整體班級學生的教學成效，則可以用全部學生在某個單元教材的學習成績統計表，不過還需要有其他學習歷程的資料輔助解釋才行；如果關注個別學生或個別小組，可以用觀課紀錄以及議課時的集體分析轉譯稿，輔助教師描述自己所使用的教學設計之成效。

描述、詮釋與解釋學生表現

　　教師觀課紀錄要詳細描述學生學習情形，包含核心素養之學習內容與學習表現，然而要確定學生表現的原因得要教師花一點時間進行詮釋和解釋。描述、詮釋和解釋不同，當我們「看到學生上課時右手撐著右臉頰，眼睛閉起來」，這是描述，描述所看到所聽到的現象；我們進而「詮釋」這現象的意義在於「這位學生上課不專心」，詮釋有加入詮釋者知識與經驗的因素；而我們可以透過其他資料獲得解釋訊息，這位學生昨晚參與社團活動很晚才睡覺，這是「學生上課不專心」的「解釋」。觀課者要分析學生表現需要經歷「描述、詮釋和解釋」的歷程，不過詮釋涉及教師教學實務知識，而解釋

涉及資料蒐集的多元性。

加入其他關於學生的資料

上一段提及蒐集學生資料的多元性，即使一位觀課者對某位學生投入百分之百的觀察力，所觀察到的學生表現都只是片段的資訊，如同上一段的例子，學生上課不專心是因為該學生昨晚參與社團活動太晚睡覺，這無法在觀察時察覺。另外，我曾進班觀課並與該校教師課後討論，一位學生學習成績低落，沒有人願意指導他。若從這個資訊判斷，可能會認為其他同學歧視低成就學生，但我跟導師討論後才知道，因為這學生家境不好，家裡沒有熱水器，經常沒洗澡，導致身體常有臭味，其他學生不願意靠近他，進而影響學習。這個例子即表示「加入其他資料」一起解釋學生表現的重要性。

加入學生其他資料一起解釋學生表現時需要教師的聯想，聯想力豐富的教師可能就會多加察覺學生表現的原因。不過，觀課者也不需要擔心，分析學生表現原因後還需要進行教師集體議課，在那時候就可以聽到許多教師的觀點。那時又再一次地教師相互刺激思考，價值分享，並進而調整自己的觀點，自己的專業學習會再成長一些。

根據學生困難嘗試提出教學策略

觀課者在分析學生學習表現後，嘗試提出因應的教學策略，這包含教材內容難易度的調整、學習單或題目上的修改、教學活動的布局增強、學生小組安排……。觀課者雖然不是教學者，但已有觀察經驗，自己也存有一些教學觀點，兩者相互對照，可以提出調整教學策略，這也是一種教師省思，將心中存有的觀點與實務進行對照，進行找出差異與調整作為。

不過，本書在第四章略有提及，多數教師經常關注教師教學技巧，較少關注教學策略，教學技巧僅具有學生行為的開展或收斂的作用，而教學策

略可以促進學生認知改變。因此，我建議觀課者提出因應策略時，多往教學策略思考，亦即提出步驟化的指引，例如：「可以先講解確認學生理解，再發下學習單，之後要求學生自己書寫……當書寫後再……」，這種「先……再……再……最後……」的語句即是一種教學步驟化的語言，透過教學策略的應用，才能促進學生認知上的改變。

　　教師最後將所擬定的教學策略寫在表6.1的最後一個欄位上，如同上一段說明，教師不需要擔心自己提出的教學策略之可行性，這些在教師集體議課時會提出來相互討論。

小　結

　　教師進班觀課的目的在於協助教學者記錄學生表現，這樣的理念需要被建立。即使仍有部分教師知覺那還是在檢視教學者的行為，只要所有參與者不斷針對學生學習困難進行觀察與討論，這種被檢視的知覺會愈來愈少。

・　教師觀課能力是一個教師是否願意參與共備觀議課的重要因素之一，觀課能力涉及教師的教學實務知識、觀察資料取材以及分析學生表現的能力。除了教學實務知識需要教師運用其理念、教學知識與經驗建構外，觀察資料取材和分析學生表現能力需要教師自己不斷精鍊，或是學校可安排教師訓練活動。

　　分析學生表現資料是教師專業能力之一，教師不能誤判學生表現行為而產出錯誤的教學決定。針對此問題，觀課者可以多蒐集學生在不同時間點發生的行為，再加入學生家庭生活、平時習性、社交活動等相關資料，進行聯想思考，減少錯誤判斷的機會。

　　教師相互觀課是共備觀議課中教師最不願意參與的活動，但卻是直接蒐集學生表現的最佳時機。教師要改變傳統的思維雖然不容易，但在基於大部分教師都是願意為學生學習而努力的基礎下，學校在規劃教師共備觀議課活動時，宜謹慎布局，細心察覺教師心理變化，讓教師體會到觀課對學生學習困難的察覺之價值性是相當關鍵的事。

第七章

教師集體議課

　　教師專業學習的場域是在學校，學校本位的教師專業發展之理念不斷地被提出；再者，基於知識需要自我建構，教師的專業知識也需要在知識實踐場域中去經驗、與同儕互動中而獲得，教師共備觀議課即是符合知識建構的原理以及當前的趨勢。

　　而教師建構知識的重要時機即是「教師集體議課」時，集體議課比相互觀課重要，因為那是在每人分享自己對學生學習的觀點後，相互對照比較，進而獲得學習成長的機會。然而，如果沒有參與觀課，亦即欠缺資訊蒐集（觀察學生）、資訊處理（分析學生表現）、知識產出（推論與策略）的歷程，在議課時就無法深入探討，只是做表面訊息的對照而已。

第一節　從集體議課中相互學習

　　素養導向的共備觀議課之焦點是學生，藉由教學者的教學演示喚起大家平時教學的問題，再透過教師的集體討論，發揮集體智慧，共同發展促進學生學習成效的教學設計。

建立教師為學生議課的態度

　　教師進行共備觀議課不是評鑑教師教學，也不是傳統那樣進班觀察教師教學，是以觀察學生學習為主的理念進行教師的專業成長協同學習，這個理念也導引著教師在議課討論時應該以學生為焦點。

　　最重要的是教師必須思考「議課議誰的課」？先前我已經提及，全校老師都是全校學生的老師，全校學生都是全校老師的學生，教師議課當然是議「大家」的學生、議「我們」的課。教學者只是把教師們可能平時在教學過程中的問題演示出來，大家再集體思考，想想該如何解決，進而幫助自己學習成長，把自己的學生教好。

　　參與議課的教師要先有這樣的態度，在早先幾年，許多教師進班觀課時便提倡以「我們該持友善的議課態度而對教學者軟性評論」，不過，這句尚無法彰顯教師集體為學生努力付出的價值。當教師持有「議課議我們的學生」的態度時，講起話來，就會隱含對學生的關懷，那是一個呈現教育之美的集體議課場景。

　　教師在議課時，就儘量用「我們未來可以做……我們可以用什麼方法……」，用「我們」這種複數第一人稱為語句的開頭主詞，不要去使用「我建議教學者……」、「某某老師可以……」，因為，學生是「我們」的。

　　我這幾年參與許多教師共備觀議課，許多教師對於上幾段的作法還不能適應，畢竟傳統二十年來都是以一種「友善的議課態度對教學者軟性評論」方式進行，在生活中也經常對他人如此說話。我還是建議學校校長和主任往「學生是我們的，『我們』要如何如何做」這個方向運作。

不要拿某個標準看教師教學

　　教學情境相當複雜，涉及到教材屬性、學生特質、環境資源等許多因素，無法用某一種標準去評估教師教學和學生學習。例如：當教師為了了解學生最後學習成效，而延遲了下課兩分鐘，這不需要去提，這是教師對其教學脈絡的決定。如果真的想去了解，那就必須要去了解教師的教學理念與其教學脈絡之間的關係，去和教學者對話，這比純僅寫為教學建議更令人覺得具有專業性；觀課者也不需要拿教學原理教科書的觀點去評估（例如：教師開始教學時沒有引起動機），我們應該關注的是教學情境中發生的事。教科書上的規準是一種假定、是透過科學化的證據歸納而來，若過度使用，將會使教師的教學與實際情境需求脫離。

　　一個教師的教學也涉及個人的情感、經驗與思考，觀課者和議課者所提出的觀點也涉及那些知覺，每個人都具有不同的情感和經驗，對標準的解讀

與思考也不一致，若僅拿自己對某一標準的解讀看待教學脈絡，並無法改善教學者的課程與教學。

觀課者在議課時應該詳細提出所觀察到的紀錄，即使議課時所提出的觀點涉及自己的思考與經驗，但那只是交換意見，並非是標準。大家在集體議課時分享個人意見，相互聆聽、相互學習，進行相互成長。

可用「學生表現、推論原因、提出策略」系統性地分享

教師集體議課是教師從學生表現去討論教學設計，不拿某個標準直接議論老師教學行為。教師先前已經觀課，並且分析學生表現與嘗試提出因應策略，在議課時，就需要把這些觀點分享出來。我建議教師發言要點可以依循這三部分內容「描述學生表現→推論表現原因→提出因應的教學策略」。以下我節錄一段教師在議課時的發言：

> 我觀察的是3-1同學，他上課時總是在看他自己的筆，根本不專心……我去觀察他寫學習單，他卻遮起來不讓我看……，我認為原因可能是他聽不懂，長久以來聽不懂，造成上課學習態度就是這樣……針對這樣的孩子，長久失去學習信心的孩子，我們可能需要在課前先提醒，如果可以的話，提供一些先備知識的學習教材，再於上課時給他簡單的題目試試看……
>
> 我觀察的是第二組，教師將他們再兩兩分組一起做實驗，2-1和2-2同學會相互幫忙，但2-3不管2-4，只會做自己的……而2-4開始做時，有請2-3教他，但2-3教他一點之後，2-4又做錯，2-3好像有點不耐煩……後來2-4就乾脆不做……我猜2-3同學應該是屬於聰明型，但可能認為2-4太差不願意幫他……。我覺得我們似乎可以在這些高層次的學習上依需求做適度的同質性分組，先針對他們在這單元的基礎知識做測驗，再依據測驗結果做同質性分組，之後再……

　　上述的發言中，劃底線字句是屬於「描述學生表現」，斜體字句是屬於「推論表現原因」，而粗體字句是屬於「提出因應的教學策略」。這樣的發言會有脈絡與邏輯性，也讓他人易於理解前因後果。

挑選重要主題與學生表現證據進行對話

　　教學情境相當複雜，關聯因素很多，教師若能挑選重要主題進行對話，議課會更有系統與更有效率。這種主題性對話的起點，是學生對該主題內容的學習表現與學習結果的預測以及任何可能發生的困難，之後，教師提出相互觀課時所蒐集學生各種不同表現資料，最後教師再選擇相關的資訊在議課時進行對話。

　　每位教師一定要在自己備課階段先準備好自己的觀點，以便在共備課時分享。共備課階段的對話中，除了每位教師分享自己在主題上的教學情形外，也要提出學生可能的學習情形。當這些觀點被集體討論時，教師觀課便有了焦點。而在觀課後教師整理關於主題的資料，每位教師先分享自己對學生在主題內容的學習表現進行描述、解釋與推論，其他教師則可以比較與自己觀點上的差異，進而提出自己在這些差異上的看法。

　　主題內容和學生表現證據是教師充分對話的基礎，而每一位教師都提出看法，教師之間的差異是持續對話的重要來源。

排除心中對學生表現的刻板印象

　　教師對學生表現受到早期師資培育和教學經驗所形成的刻板印象影響，包含對學生學習態度、學習方法或學生特質。例如：我們經常會對低成就學生認為他們無法參與討論，或是教師在上課中提問，舉手回答的學生就知道答案。我的研究結果顯示，如果我們對低成就學生給予適合的題目，他們一樣可以思考以及進行同儕討論；上課中提問時舉手回答可能是受到同儕影響，認為不舉手會被嘲笑不懂教師所問。

　　教師在觀課時對學生學習表現進行記錄與評估，在課後議課就是一個去除教師對學生表現刻板印象的時機。教師集體議課時，每位教師都可以聆聽到其他教師的觀點，不同教師因為有不同經驗可能就會有不同看法，教師不需要過度堅持自己的觀點，就會學習到許多不同的教學知識。

分享時其他教師對照自己的觀點

　　當每位教師輪流講出他對學生表現的觀點與策略時，正是最佳的學習機會。聆聽者把所接收到的訊息與自己的觀點比較，會發現教師們解釋學生表現的結果可能不同，此時教師的思維便會擴大。再者，當教師提出因應策略時，這種以學生表現為問題基礎，而針對問題提出的策略便有些應用性，這比教師單獨閱讀一本教學策略的專書來得有用，教師可以發覺教學策略與學生學習問題的關聯。

　　教師此時可以拿筆把發表者的觀點記錄下來（一定要記錄，否則很快遺忘），不管是當時比較自己和其他教師的觀點，或集體議課後再拿起來看，教師自己會產出許多想法。

　　然而，不一定每一位教師的觀點都是符合自己，但我確信每一位教師所提出的觀點都是以自己的教學經驗為根據，因此，我不會認定對或錯。教師集體議課不是在判斷哪位教師的觀點是對或錯，而是教師自己聆聽，並與自己的觀點比較對照，聆聽他人、刺激自己思考，覺得合理或可行，就是自己可以學習的內容。

難道不需要指出教師疏漏處

　　先前所述，議課時是從學生的表現談起，再提出教學策略，一起思考，各自決定。部分參與觀議課的教師提及「難道不需要指出教師教學疏漏處？那教學者怎麼察覺自己的教學疏忽？」我針對這個問題訪談過許多曾經參與

觀議課的教師，他們大都表示「即使觀課者指出學生學習表現不佳，未提及教學者，但擔任教學者還是會有感覺是自己教學不好。」這種結果讓我有兩種看法，一則以喜、一則以憂。喜的是我們不需要談論教學者，教學者還是會有知覺，自己在未來教學時也會調整，畢竟學生行爲來自於教學者的教學活動；而憂的是我們又得擔心教學者是否有被檢視的感覺，進而不願意長期參與，這部分請看下一大段的內容說明。

　　因此，帶領議課的主持人（可能是校長、主任或學習領域和社群召集人），得視議課時的氣氛引導發言，或許也可以先建立階段性的目的。如果階段性的目的僅是讓教師體驗教師協同學習的價值以及鼓勵教師參與，可以先挑選一些每一位教師都可能會有的疏忽進行討論，如此不僅降低對教學者的威脅感，也可以討論在教學上共同的困難以及共同需要的教學策略。如果階段性目的已經達成，下一個共備觀議課的目的在於精進教師專業，也考慮教師個人特質的接受度，此時便可以大談教學上的疏忽。不過，關鍵點還是在於針對學生學習表現問題所可以改進的策略，不是議論教師個人的教學行爲。

有時得先忽略80%的教學疏忽

　　延續上一段議題，一個教學情境相當複雜，五、六個觀課者進班觀察教師，每個觀課教師提出三、四點，全部洋洋灑灑就是近二十點，即使先前提及建立「爲學生議課的態度」，教師可能也會有知覺不舒服之處。我這幾年來的觀課和議課經驗發現許多教師願意投入觀議課，在議課時也細心地提出好多點觀察到的現象和因應策略，不過，多數教學者卻無法體會到正向的利益與價值。提出意見的教師認爲「這本是如此，何況是爲了學生，教師本該改進」。然而，一件事情如果只在乎目標而忽略參與者的感受，這件事情將不會做得長久。

　　我建議在議課時，許多教師早已知道卻多數可能會疏忽的意見不需要

去提（例如：教師寫板書時不要背對學生），至少在初期推動教師以共備觀議課作爲專業成長學習的方式時。我仔細分析教師在觀課時提出的想法，發現有些觀點是一般教師都可能發生的「微小動作行爲」。例如：有些教師提到「學生上課會站起來看黑板，我們寫板書時儘量寫高一點」、「學生上課時跟老師說他們的教具器材壞了，我們以後上課前要檢查學生使用的教具……」。這些細微動作若要仔細看，每個教師至少可以挑出幾十點來寫。

　　這些事情不是不應該談，但我選擇80%忽略。其一原因，這些細微動作行爲說多了，給教學者不舒服的感覺，況且一個專業的觀察者除了學生表面動作行爲外，可以看的更深入一些；其二原因，議課時間有限，我相信沒有教師故意讓學生看不到黑板而寫在黑板低處，我也不相信教師故意拿壞的教具器材給學生，教學者對於這些疏忽處可能早有想法，我們倒不需要把這些視爲討論焦點。相對之下，我們可以提一些關於可以促進學生認知改變的事情，把心思放在教師疏忽之處是不恰當。或是如同上一大段所提，透過教學觀察發覺與喚起平時大家未注意學生困難與教學策略，再進行討論共同需要的教學策略，何況好不容易找到大家可以議課的時間，時間有限，讓教師把時間放在「教學策略」（請查閱本書第四章第三節）的討論上，忽略那些因爲複雜教學情境所產生的細微疏忽上。

第二節　爲學生省思自己的教學

　　教師參與觀議課「並不是幫其他教師而已，自己也需要從中獲得學習成長」，因此，教師參與共備觀議課後，自己還需要省思自己的教學，如此對自己的專業成長學習才有幫助。

寫下自己的學習心得

　　教師參與過共備觀議課，從教材內容分析、學生學習表現設計、集體思考教學策略，一直到進班觀察學生學習表現和共同討論因應學生學習困難的教學策略。在這種歷程中，教師不斷地產出自己的觀點，也不斷聆聽其他教師的觀點，相互對照比較之下，一定會有些心得，教師務必要把這些心得寫下來，這是教師專業成長的學習成果。

　　在教材內容分析上，核心知識與構成要素是否比較完整？在學習表現上，是否能掌握誘答題目和情境題目的設計原則？在教學策略上，是否比較多關注教學策略的細節，而不只是教學技巧？

　　另外，教師是否感受到教師社群為學生努力思考教學的氣氛？是否體會到教師間相互分享、相互刺激思考，進而讓自己擴大思維，想法更周延的價值？

　　我建議教師走過必留下痕跡，這些痕跡不僅是照片或草稿而已，更重要的是那些來自教師投入心力而所獲得的專業表現，足以讓他人了解的教師專業成長學習成果。

　　各學校在推動教師共備觀議課時，可以把教師參與的學習心得寫在觀議課紀錄表之「教師議課、教學省思、學習心得」欄位內（如表7.1，見附錄），把這個階段當作一次或一個主題的共備觀議課之結束點。

表7.1　教師參與共備觀議課之學習心得紀錄表

教師議課 教學省思 學習心得	
備註	

察覺自己教學專業知識的改變

　　教學專業知識是教師設計教學活動的基礎，也可以讓教師用來評估教學的疏漏之處，特別是在觀課與議課時。然而，這種教學實務知識是需要經過實踐、對話與自我省思而來的。教師可以思考對該單元的教學之原有想法和最後觀點的差距，藉以察覺自己教學專業知識的建構與改變。

　　舉例來說，原本對某個核心知識的構成要素可能只有部分片段，經過和社群教師共備觀議課後，知覺該核心知識完整的構成要素；或是早期運用討論教學策略時，常發現學生上課討論不夠充分，經過共備觀議課後，已經知道要求學生討論之前需要先讓學生寫好自己的學習單或產出自己的答案，再相互分享。

　　這種改變不僅在學科知識、教學策略和學生學習的理解，也可以包含教師的思考與態度。教師經過議課後，對教學觀點的思考會逐步加深、擴大且多元，而對教師同儕協同學習以促進專業成長的態度也會慢慢型塑，逐漸地，對教育活動的知覺會跳脫既有的思維。

發現自己教學專業知識的不足

　　即使教師投入共備觀議課，議課之後也提及自己教學知識改變之處，不過，教師仍得要檢視全部學生的學習表現，分析還有哪些可以精進之處。要讓每一個學生都能具有學習成效並不容易，多數精心設計的教學活動可以讓多數的學生學習表現佳，然而，仍會有少數學生需要再關注。提出這些並非指出教師不夠認真積極，而是教師自己對教育工作的自我提煉。

　　教學專業知識之面向很多，教材內容、教學策略、學生心理、環境設計，甚至科技的使用，都可以成為思考的焦點。教師需要藉由那些還不夠具有學習成效或不夠投入學習的學生，思考上述面向中可以再調整與精進之處。

　　而當同儕教師具有類似的需求時，便是下一個教師共備觀議課的起點。而學校校長或主管要能察覺教師這種需求並提供協助，教師在這種需求性高以及具有主題焦點的教師專業成長活動之投入意願會比較高，也對學生的學習具有幫助。

◉ 再度省思自己未來會怎麼做

　　如果教師共備觀議課的教材單元也是自己任教的教材，那麼教師經過觀議課後，可以思考未來自己的教學設計該如何改變與進行。或許以前教學時，有些內容細節沒想到那麼透徹，也可能有些教學活動沒有那麼順暢，或者是對學生互動討論的處理沒有那麼細膩，經過省思後，再想想未來的教學活動該如何設計。

　　教師參與共備觀議課，除了提升學生的學習品質，教師的教學專業也跟著提升，不是只有教學者改變而已，也不是觀課者的教學知識改變而已，教師需要將所學習到的教學知識應用出來，讓自己的學生學習也跟著成長。

　　因此，核心素養導向的共備觀議課歷程至少包含：教師自己備課、共同備課、相互觀課、集體議課以及教學省思與應用。如此，不僅所有教師都能有專業成長，所有學生也都可以學習得更好。

第三節　評估教師專業成長

　　教室教學情境相當複雜，學生特質也相當多元，因此，教師專業成長不容易被評估，即使任何精緻細膩的表現指標，或者是教師自陳問卷都無法充分指出教師的專業成長表現。

　　試想，A老師任教的是一班聰明乖巧、學習也主動積極的學生，教學時所教導的課程內容進度恰好是學生易於了解的教材，以教學指標上評估教學

表現，整體教學氣氛與學習成效非常良好；另一個B老師所任教的是學習程度極為落後，所教導的課程內容進度恰好是學生最難了解的教材，但B老師為學生積極地思考課程內容與教學設計，以教學指標評估教學表現，教學氣氛尚可，學生學習成效中等。我們該如何評估這兩位教師的專業成長？或者是哪一位教師的專業成長較佳？或許這樣的比較可能還有疏漏，但是一個教學情境涉及太多複雜因素卻是不爭的事實。

然而，表現指標具有參考作用，特別是對於初任教師或教學專業尚且不足的教師。表現指標可當作是專業發展基礎，讓這些教師發展專業時有些依循，仍需要注意的是，表現指標不能被過度使用。

當表現指標成為評估標準就可能使教師花心力在標準上

部分觀點提及以教師專業表現指標評估教師專業發展的成效，這涉及了表現指標是一個基礎還是目標的問題。如果當作專業發展基礎，如同上一段所言是可行，這些指標內容的功能可以提醒教師專業發展的方向。如果把表現指標當作是目標，這可能就會產生教師專業發展結果具有一致的質疑。

表現指標會提及教師應表現的內容，包含教材內容、教學活動、教學評量或環境布置等，當教師被期待展現這些專業指標的內容時，他們就會依循指標的內容去進行課程與教學設計，部分教師更會積極地在這些指標內容上表現良好。然而，任何教學都可能涉及學科知識屬性、學生學習特質、教學環境資源以及學校行政支援，表現指標似乎無法符合每一個教學情境，並藉此指出教師教學專業的成效，以及充分地指出各種不同學生應有的行為表現。

素養導向的教師共備觀議課之理念是教師共同關心學生的學習情形（學習內容與學習表現），改善學生學習成效，進而促進教師專業提升。專業表現指標可以提供教師專業發展或成長上的參考，若把表現指標當作唯一評估標準，教師可能就會花許多心力在表現指標上，而忽略學生學習的全面關注。

◉ 當資料成為檢核來源就可能使教師花心力在資料上

我訪談過許多校長與教師，其中也包含大學主管，這些人都經歷過各種評鑑或訪視。基本上，即是學校準備的相關資料，也多數是書面資料接受校外專家的檢視。如果教師專業的評估也是以此方式進行，由校外專家檢視教師準備的資料以評估教師專業成長情形，以我這幾年的訪談結果判斷，教師可能就會花時間在資料的準備上，也就可能少花時間在觀察學生學習，以及共同討論改善學生學習的因應策略。

另外，資料內容的判斷又涉及到標準或等級的問題，再者，要呈現什麼資料才合適，這又輪迴至表現指標上的議題。當前多數的評鑑、訪視或計畫成果檢核，大都以資料方式呈現，多數資料過度浮華，甚至少許不實資料亦有耳聞，導致這種檢核學校教育或教師專業的方式經常被人批評為資料的整理。當以限定性的資料成為教師專業成長的檢核來源時，並無法促進教師改變教室內的課程與教學。

◉ 從學生學習成效去發展教師教學專業

雖然表現指標和資料可以顯示教師投入在學生學習的心力，也可以作為教師專業的發展基礎。不過，若以複雜的教學情境而言，那些都無法充分呈現教師平時教學與學生學習表現，只得進班觀察教師教學才能評估教師的專業表現。然而，幾節課的觀察無法察覺教師的日常教學變化，需要長期投入才能充分了解。

教師專業成長是建立在學生的學習成效上，「教師專業」來自「教師為學生做了什麼」而不是「教師曾是什麼、有什麼」，教師的專業用在協助學生改變，也在過程中提升教師自己的專業，即是一個教學輔導教師或一個具有博士學位的教師，也需要透過學生學習表現來確認自己的專業價值。

以「促進學生學習成效的教學設計」去評估教師教學專業

教師專業成長的評估本就不容易，上一段提到表現指標和資料整理均無法眞實地評估教師專業成長的成果。不過，似乎有愈來愈多的觀點提出教師應該是一個autonomous professionals，亦即教師專業自主、自己敘說。我們應該信任教師有能力去發展教學理念、具有智慧地實踐教學活動，以及可以判斷什麼情境對學生學習和對自己專業成長有幫助。

教師專業成長來自於學生學習的改變，以教學實務來說，即是在「學生從學不會到學會了」歷程中，教師課程與教學設計之教學實務知識正向改變的差距，如圖7.1。再舉例說明如後。

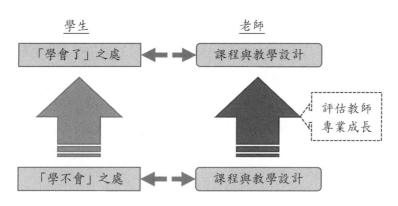

圖7.1　教師參與共備觀議課之教學專業成長評估示意圖

例如：一個教師在其先前的經驗裡，學生對於數學「幾何」中不規則長方體的教學總是不夠理解，經常誤解某些概念。教師經過與同儕教師共同備課，分析與掌握概念的所有構成要素，經過實踐之觀察與課後的教師集體議課，學生對概念的掌握已經相當充分。教師這段歷程的改變來自於學生認知歷程的改變，即是專業成長的證明。再舉一例，一個班級的學生難免程度差異大，爲了顧及教學進度，總是讓低成就學生不斷地感到挫折。之後針對這個主題，教師社群設計差異化教學策略以及題組式的測驗題目，進行實踐

與觀察後，發現題組式的測驗題目可以燃起低成就學生的學習意願，這種學生些微的改變，即是教師為學生學習努力的過程，這也是教師專業成長的證據。

教師自我敘說教學專業成長歷程

教師專業成長要有自主控制權，這不是讓教師選擇要不要專業成長的意思。任何一個專業者，包含教師，都需要專業成長，專業的特色之一即是需要自我提煉，而專業知識的建構來自於自己對工作的主動投入，與自主地發覺處理複雜問題中所建構的實務知識。我們要相信教師有能力透過實踐與對話，建構自己的教學實務知識，亦期待教師藉由說自己的故事，描述自己的專業知識成長歷程。

教師可以自己透過參與教師共備觀議課，針對學生學習內容的教學實踐、觀察時的資料蒐集與分析、議題時與同儕教師的對話、之後產出的心得，呈現自己教學專業知識的改變。教師以學生核心素養為課程與教學設計的原點，經過共備觀議課，一定可以知覺學生學習成效和教師自己教學策略的改變，教師得要自我敘說教學知識成長的歷程，再從學生的改變論述自己的專業成長。

在細節上，包含學科教材之學習內容的理解、學生表現的評量設計、對教學策略的選用與發展以及對教學情境的設計，教師均可以或挑選具有成效的部分（不過，相關聯的因素要一起挑選）進行敘說。這種敘說不同於先前提及的資料整理，是一種教師專業成長的紀錄與前後關聯的分析，教師可以用照片、學習單、共備觀議課紀錄等建立連結，再加以文字或口頭說明。說明時，教師可以將自己「做了什麼、如何做的、為何要這樣做」寫出來。

不過，教師得要自己提出尚可以改進之處，沒有一個教師的教學是完美的，即使今年教學具有相當大的成效，明年接到新班級新學生，可能也得從學生的學習問題思考。可以預期的是，當教師的專業愈來愈提升，遇到新班

級新問題而解決教學問題的時間會愈來愈短。

小 結

本章提及教師集體議課，建立正確的議課態度是首要之務。教師集體議課是每位教師將所觀察到的學生表現情形，以描述、推論和策略的步驟提出自己的觀點，參與議課的教師再相互腦力激盪，發展出可以提升學生學習成效的教學策略。然而，每班學生不同，教師發展教學策略不需要形成共識，在相互激盪後，教師只要決定對自己班級學生教學的策略即可。

其次，學生學習成長了，教師也要省思自己的教學專業知識已有哪些改變，以及哪些還可以再調整與精進。

這種共備觀議課的教師專業成長模式有別於台灣先前幾年教師專業發展評鑑，然而，也會受到質疑教師專業成長沒有參照標準。事實上，每個班級學生不同，教學情境相當複雜，即使一套精緻化的參照標準恐怕無法滿足所有班級學生和任教學科所需。

本書第四章提及教師自己備課，備課包含學習內容與學習表現，第六章提及教師相互觀課，觀課包含關注學生的學習表現，如果教師初期無法藉此共備觀議課，表現指標可以當作共備觀議課的參考向度，但仍建議不要使用表現指標檢視教師專業。

愈來愈多的觀點指出教師需要透過情境實踐以及與其他教師的對話自我建構教學知識，也期許教師可以自我敘說專業成長歷程。教師專業成長來自於學生學習的改變，即是「學生從學不會到學會了」歷程中，教師可以敘說在這個歷程中，教學實務知識增加了什麼、改變了什麼，也可以提出未來針對什麼樣的學生可以再做什麼。這些學生改變、教師實踐與省思的歷程即是教師專業成長的證明。

第八章

探究教學實務知識

　　教師專業知識的學習是在教學實踐中以及與他人對話中獲得的，教師進行共備觀議課，除了促進學生學習成效外，這種方式也擺脫傳統聆聽講座獲得「教育資訊」，即讓教師對核心素養之學習內容與學習表現產出初步的想法，再透過共備觀議課進行調整，在這歷程中，教師的教學實務知識將會不斷增長。

　　再者，在細節上，教師需要對於所要進行的學習內容、學習表現以及教學策略進行探究。我這三年來的觀察，許多教師積極地投入共備觀議課，而議課後也產出一些教學專業學習上心得，不過，我仔細檢視，這些心得早已有書籍指出。換句話說，如果教師在教學前能夠先行閱讀那些相關書籍，就不會花費許多時間探討已經知道的知識。其次，在教學策略運用上亦有相同的問題，例如：一個教師運用討論教學策略要求學生藉由討論產出更多元的觀點，在觀課時發現部分學生沒有開口討論，議課時獲得討論前應該讓學生先產出自己的意見再討論的結論，但這在討論教學策略的文獻也早已提出。以此而論，教師需要在自己備課、共備觀議課歷程中，隨時探究每個環節，有些知識的學習可以更快速與進階一些。

　　另外，教師爲了學生努力積極地投入共備觀議課中，學生學習成長了，教師除了省思整個歷程外，也要留下專業成長的紀錄，並且邏輯系統地書寫下來，以一篇論文呈現專業成長的知識與其知識形成或改變的歷程。

第一節　探究教學實務爲導向的教師專業成長趨勢

　　探究是個人或群體藉由觀察、閱讀文獻和其他資料提出問題，有系統地蒐集問題相關的資料，分析與解釋資料的細節，也對資料進行批判性和邏輯性的思考，並提出問題解釋和答案的歷程。教師探究教學實務即是教師針對教學過程中可能或已經產生的問題，有系統地蒐集學生表現資料，進行描

述、詮釋與解釋的歷程，其目的在於透過教學實務探究，發覺有效的教學方法，也促進學生學習成效。

愈來愈多的觀點提及教師教學專業知識需要自我探究，探究教學實務為導向的專業成長學習可以協助教師改善教學實務。教師可以從學生學習歷程與結果的改變中學習教學知識，而學生也可以從教師探究教學實務以及知識改變的歷程中增強學習成效，教師探究教學與學生學習成效是相關的。

教學實務研究涉及教師專業成長的「歷程」

本書第七章第三節提及教師評估教師專業成長，教師專業成長來自於學生學習的改變，以教學實務來說，即是「學生從學不會到學會了」歷程中，教師課程與教學設計之正向改變的差距。而教學實務研究便是一種察覺教學實務知識改變的歷程，並讓教師藉以宣稱教學專業成長的方式。

早期在教師專業成長的成效評估上，往往以專業表現指標的檢視結果，或教師專業發展自我檢核表的數據呈現教師專業，這可能會忽略到教師專業成長的「歷程」，也可能讓人產生這種結果性標準的察覺是否可以「促進」教師專業成長之質疑。然而，傳統教師專業成長的歷程模式若不是教學相關資訊的聆聽，即是教學知識工作坊的實作練習，這對教師專業成長助益不大，原因在於「教師教學專業知識是需要透過實踐以及在和他人對話中獲得」，亦即專業知識需要在教學歷程中實踐。因此，我們需要較多關注的是教師專業成長的實踐歷程，甚至促進教師教學知識改變的歷程，而不能僅關注專業成長的結果。

再者，教師專業成長應該建立在學生的學習成效上，教學實務研究便是以學生學習為焦點，針對課程內容與教學活動建立合理性觀點，再針對學生表現成效提出改善或更進階的作法。這種基於學生學習成效和涉及教師專業成長「歷程」的教學實務之探究，可能將會是一種值得關注的教師專業成長之檢核方式。

以教師省思為方法的教學實務探究

教師探究教學實務是以提升教師自己教學專業為目標，透過課程與教學設計的描述、學生學習表現的蒐集分析以及教學歷程的自我論述，察覺自己教學專業知識改變的情形。

教學省思是教師察覺自己專業知識改變的方法。教師教學省思是指教師針對過往的經驗進行察覺或描述，再透過與教學經驗相關的文獻和理論知識的閱讀，建立一套符合教學原理的規準，再把教學原理規準與先前教學經驗中的教學活動以及所引發的學習表現進行比較對照，提出教學尚待調整之處，進而提出更新的觀點與策略。

一個教師要能知覺自己的教學情形，進而察覺自己需要具備什麼樣的專業知識，進一步來說，教師要能知覺自己想做什麼、為什麼要這樣做、做了之後的結果為何，以及對自己的教學和學習有何幫助。

教師探究教學實務即是教師不斷在經驗回顧與教學原理中來回思考，以多重經驗與文獻建立一套準則，再與實務相互比較。教師若能進行教學省思，不僅在改善學生學習品質、自己的教學專業成長上有幫助，也可以藉此改善師生互動關係，提升教學自信心與教學效能。

教師教學省思也要有持續性，省思過後的結果要能運用在下一次的課程與教學設計中，如此不斷地省思和驗證，就能體會教學省思的價值性。教學省思時是教師在進行教學實務探究時非常需要具備的能力，也是教師專業成長中相當重要的工具。

教師藉由探究教學實務擴大自己的教學思維

教師在進行課程與教學設計時，多受到先前知識與經驗的影響，不過，教師若能思考如何「提升學生學習品質」或「發展更高成效的教學設計」，教學專業知識就會成長。

　　在自己備課時，回想先前學生在某些學科知識上的學習困難、某些教學策略實施上的缺失，以及學生學習表現不符合預期，這些都可以促進教師再度思考如何調整與改變。教師可以查閱相關書籍，了解學科知識的結構與屬性；也可以對外求助，察覺教學策略的原點與使用方法；教師也可以和其他教師對話，從他人的經驗中獲得學生表現不如預期的可能原因。教師透過文獻書籍以及和他人對話，可以擴大自己在課程與教學設計上的思維。

　　更重要的是，當教師實踐教學設計之後，需要對學生在學習內容與學習表現進行分析與省思，教師需要描述學生在不同時間所表現的關聯性行為，藉此詮釋與解釋其原因，再思考未來類似教學活動時可以採行與調整的教學設計。

教師以共備觀議課探究教學實務

　　教師若能以共備觀議課方式探究教學實務、一起省思與討論教學細節，把自己關注的事件焦點描述出來，聆聽其他教師的意見，在學生學習內容與學習表現的分析上，便會有不同觀點與相互刺激思考的機會，再度擴大教師的教學思維，詮釋與解釋學生表現原因會更周延一些。

　　教師進行共備觀議課是基於教師協同學習理論，教師相互分享、相互刺激思考，集體發覺更有效的教學方法，教師進行共備觀議課對教師探究教學實務有極大的助益。

　　教師在共備課之前需要先自己備課，共備課時便可以充分地分享課程內容與教學設計，透過對話思考自己的教學設計是否完善；在相互觀課時，請其他教師協助觀察學生表現，包含學生觀察學生學習時表情和眼神、聆聽學生回答或討論時的口語聲音、觀看學生書寫學習單或習作的情形，以及學生操作教具、繪製和動手做的表現；之後在議課時，共同探討學生表現的原因，教師集體找出解決學生學習困難的教學策略。

　　教師以共備觀議課探究教學實務時需要開放自己，多與他人分享和對

話，不固執原有觀點，這可以充分刺激自己的教學思考，讓教學策略更精緻細膩且具有較好成效。教師若能協同探究教學實務，對每個教師的教學專業成長會有顯著的成果。

教師探究教學實務不一定是行動研究

教師探究教學實務不是新的觀念，台灣早期推動九年一貫課程時，教師被賦予發展課程的權力，當時政策便鼓勵教師以行動研究方式。探討自己發展與設計的課程以及解決自己教學實務的問題。理論上，教師進行行動研究可以改善教學實務，不過，行動研究發展至今，學術嚴謹度已經讓行動研究可以成爲學位論文或學術論文的風格。不過以學術風格進行探究與寫作無法改變課堂中的課程與教學，因爲學術寫作和教學實務被視爲兩件不同的事情，多數教師願意花時間思考課程內容與教學活動，可能不願意花心力在「行動研究之行動如何嚴謹地產出」中。

教師需要的教學實務探究是可以連結他們平時的課程與教學設計，寫作方式可以促進他們思考課程內容如何選擇和組織、教學設計如何產出、教學活動如何實踐、學生表現如何蒐集與分析，以及教學成效如何評估與省思。

提供符合教師平時教學習慣的探究教學實務之思考流程，可以讓教師察覺教學中的各種關鍵資料，教師若能以社群方式進行共備觀議課，更能夠集思廣益，藉由學生學習成效的確認，提升教學品質。

第二節　關注教師教學實務知識的改變

教師以共備觀議課促進教師專業成長，切勿只是教師繳交共備觀議課紀錄資料，早期的教學觀摩以及後續的各種專業成長計畫，大都以教師的專

業成長「結果」作爲教師教學實務知識改變的證據，愈來愈多的教師認爲那僅是讓教師花些時間在資料整理上，也愈來愈多聲音批評那些方式影響教師的教學實務工作。教師的專業成長應該是一種教學實務知識的改變歷程和結果，因此，教師進行共備觀議課要能讓教師察覺自己的教學實務知識改變情形。

教師對自己的教學實務知識要有知覺

教師教學知識起頭於師資生於先前學生時代對教師教學的知覺、修讀師資培育課程、以及前述兩者的交互作用之結果；當成爲教師後，會透過觀摩其他教師、參與研習活動、閱讀相關書籍文獻以及與其他教師對話而獲得，並可能將部分結果嘗試運用於教學過程中。不過，如果這些知識沒有被實踐與考驗過，勉強僅稱爲「資訊」而已。

我這幾年的觀察，發現部分教師對自己的教學實務知識難以充分表述，缺乏深度的理解，僅往往提到教學中會發生的事，例如：我會先教學生認識……再讓他們做……，教師鮮少自我察覺自己的教學實務知識。會有這樣的情形，大都是教師在專業知識學習中習慣觀察其他教師的教學，並可能以所觀察到的流程步驟作爲自己課室實踐的基準，忽略知識的內涵、結構與形成的過程。知識不同於資訊，知識是一種資訊、文化脈絡及經驗的組合。

教師教學實務知識泛指學科內容知識、一般教學知識、教學內容知識、對學習者察覺的知識、課程知識……（Shulman, 1987），教師若能針對各面向仔細思考，就會發覺已經存在的教學實務知識，或多或少可以說出一些。這些知識的察覺相當重要，若要以教師共備觀議課方式進行專業成長學習，就得要比較共備觀議課前後的教學實務知識之改變情形。

教師教學實務知識在不同情境有不同意義

知識內含主題與細節要素，情境不同詮釋知識的結果也不同。教師不管

透過什麼方式獲得教學相關資訊，需要賦予情境意義。以實務來說，教師參與研習或觀察其他典範教師教學，需要再思考自己的教學情境與所觀察的情境之異同，包含學科知識、學生特質、教學環境以及行政支援措施，並在自己的情境中發展屬於自己的教學實務知識。

　　教學實務知識略微不同教學知識，在表述時需要提及教學情境的各種要素，才能顯示知識的實務性。也因為在教學情境中實踐，這種教學實務知識是教師自己建構的知識，而不會像是那些僅透過閱讀或聆聽而來與教學相關的資訊。

　　因此，教師教學專業成長是一種教師教學實務知識改變的察覺，為了更深入的探討教學實務知識，教師們可以相互刺激思考與自我察覺。特別是一個學校內的教師社群，對學校教學情境均有類似的了解，更有利於教師教學實務知識的共同發展。

了解教學實務知識的完整內涵

　　要了解教師教學實務知識，需要考慮教師個人的特質和特定的教學脈絡，它屬於是一種特定情境經驗的工作知識。教師可以透過說故事、自傳描述他們自己教學經驗，而從這些教學經驗分析他們的教學實務知識，以及知識中的教學意象、原則或規則。

　　教師察覺自己的教學實務知識不能僅是在於學科內容知識、一般教學知識、課程知識或察覺學生心理的知識等方面，這些僅是描述性知識，未涉及情境。若要涉及情境，則需要增加「程序性知識」以及「情境判斷知識」。描述性知識指的是教師對有效教學的認知性知識概念，也是一種事實性知識，「知道某個」（know that）的知識；而透過實務運用，兩個以上描述性知識可以被詮釋為程序性知識，亦即「知道如何」（know how）的知識；另外，運用描述性知識和程序性知識需要有專業的判斷，情境判斷知識是指教師知道在不同情境下所需的不同專業知識。

　　因此，當教師在共備觀議課中要察覺或自我敘說自己教學實務知識時，除了提出學習內容、學習表現與教學策略外，也要提及這些要素的關聯性，亦即程序性知識和情境判斷知識。

教師可以透過共備觀議課將隱喻的知識彰顯出來

　　教師進行共備觀議課前需要先自己備課，並書寫於備課記錄單，此時教師會半強迫自己思考，將隱喻的知識透過書寫呈現出來。例如：教師對所要備課的教材內容之核心知識與其構成要素的理解情形、教學策略的原理與步驟流程、教學評量題目的編擬，還有一些關於學習目標與教學活動之關聯的細節。

　　而在共同備課時，教師會將他人的觀點與自己原有的知識相互比較，這是第一次教師可以改變自己教學實務知識的階段。

　　在教學實踐時，除了將已經改變的教學實務知識呈現於外，可能也會因為教學情境中的突然因素，在教學歷程中立即檢索大腦的教學知識進行判斷，進而調整後續的教學行動。

　　在相互觀課時，教師以心中的教學知識或教學實務知識作為觀察基準，蒐集記錄那些教師認為值得記錄的學生表現，這是內在知識應用之處。

　　在集體議課時，教師將隱喻的教學實務知識與觀察學生表現進行綜合，當被要求推論學生表現原因與提出因應教學策略時，這些綜合過的知識再度與某些隱喻的知識相互對照。之後，在議課時聆聽其他教師的觀點時，又再度地將自己與他人的觀點相互比較對照，而產生知識上的調整。

　　簡單來說，教師隱喻的知識可以（或需要）透過教學記錄書寫和教學實踐彰顯於外，這些外顯知識再與他人對話，相互刺激思考、擴大思維，便可以不斷調整與成長，換句話說，教學實務知識是一個不斷重構的知識。

教師需要察覺自己教學實務知識的改變

先前提及教師專業成長的評估是將「學生從不會到學會了」的教師教學實務知識之改變歷程，教師需要察覺在學生還沒學會之前，自己對於某個單元主題教材、某種教學策略、某些學生的學習，或其他學生表現所持有的教學實務知識為何，包含程序性知識和情境判斷知識；並於和其他教師共備觀議課後，再省思自己在教學實務知識之內涵上的改變。

為促進教師教學實務知識的改變與成長，教師在各階段的參與紀錄以及省思札記對教學實務知識的自我察覺便顯得相當重要。我建議學校設計共備觀議課紀錄本，也多增加幾頁空白札記，讓教師得以隨時記錄學習內容、學習表現、教師對話以及學習心得。

教師在撰寫時務必要有焦點，可以將焦點初步訂為教材知識（學習內容）、學習表現（學生表現紀錄）、教師對話（與他人對話的紀錄）以及學習心得（經過對話省思後的學習心得）。有了這些焦點文字，教師便容易比較早先的觀點和共備觀議課後的觀點上的差距。

第三節　撰寫教學實務研究論文

教師教學實務知識的改變需要留下紀錄，這種紀錄不僅是把參與共備觀議課的手抄紀錄本、學生表現作品和照片存檔為資料就好，而是需要具有專業論述、邏輯系統地呈現一個專業知識建構的歷程。這種教師論述專業歷程的文章可稱為教學實務研究論文，簡稱教研論文。

撰寫教研論文之目的在於教師提供邏輯系統的文字描述以彰顯自己的專業成長歷程，也讓社會大眾知覺教師教學專業所在。部分教師可能害怕撰寫論文，然而，教研論文並不是一般學術論文，撰寫格式也不是學位論文的格

式，而是以「教學思維歷程」為基礎，依據共備觀議課發生的順序為步驟，以共備觀議課的內容為題材，教師再將相關的因素連結起來敘說。

教研論文的本質

教研論文是一種教師教學專業的自我察覺、自我論述以及自我敘說的文章，彰顯教師的教學專業知識改變與成長歷程。自我察覺是指教師在教學過程中，自我了解每一個教學環節的背景因素與發生原因；自我論述是指學生表現證據與自己教師內在觀點間的邏輯連結，亦即對學生表現的評估、判斷和詮釋；而自我敘說是指教師敘說自己原有的教學知識，再經過教學實踐以及學生表現分析後，其教學知識的改變情形。上述這些要素的呈現，即是教研論文在教師教育工作上的專業體現。

教研論文寫作基於教學實務的歷程紀錄，但不是把整個教學實務實踐的過程以流水帳的方式呈現而已，而是在教學理念與教學實務間、證據和觀點間，需要選擇具有價值的要素進行邏輯整理，是一種重建的科學邏輯。

教研論文可以呈現教師教學專業知識改變情形，這有別於早先教師整理教學紀錄資料以顯示教師專業的方式。因為教師論文可以呈現教師的教學理念與理論基礎，也呈現教師如何檢視和釐清教學事件的前因後果或整體脈絡，以及針對學生表現的分析，教師如何找尋有力的證據去證實具有教學價值的論點所在。

簡單來說，一篇教研論文會隱含著教師教學實務體現、創意發想、微觀思維以及情感抒發，並且在證據和觀點的交流中，呈現一個教師對學生學習投入的歷程，也展現一個教師的教學專業知識成長的故事。

以共備觀議課發生順序建立教研論文章節

本書前幾章已經提及教師進行共備觀議課是需要教師自己先備課、共

同備課、相互觀課、集體議課與省思心得，這五個步驟可以發展成教研論文的呈現順序。不過，這五個步驟只是教師社群運作的階段名詞，不足以彰顯教師的教學理念與專業，因此，我將教師共備觀議課流程，綜合一般學術論文格式，發展成「建立教學理念與目標設計、開展教學活動與理論解析、實踐教學活動與資料蒐集、統整教學實務與成效分析、省思教學省思與價值建構」，如表8.1之對照。

表8.1　共備觀議課流程與教研論文章節對照表

共備觀議課流程	教研論文章節名稱	對應一般學術論文
教師自己備課	建立教學理念與目標設計	研究背景與動機
教師共同備課	開展教學活動與理論解析	理論與文獻探討
教師相互觀課	實踐教學活動與資料蒐集	研究方法與設計
教師集體議課	統整教學實務與成效分析	研究結果與討論
教師省思心得	省思教學省思與價值建構	研究結論與建議

以共備觀議課發生內容撰寫教研論文內容

教師在自己備課時，針對核心素養或教材內容檢視核心知識與構成要素，也可能考慮到學生程度與特質，設定學習目標，這即是「建立教學理念與目標設計」中可以書寫的內容，也是教師教學實務知識的外顯。

當教師共同備課時，每一位教師將自己備課的內容分享出來，相互刺激思考，可能也共同查閱學習理論與教學策略的相關書籍，這是教學前相當重要的探究階段。之後再繪製了教材內容結構圖，確立教學活動流程，這即是「開展教學活動與理論解析」要呈現的內容。

而教師開始相互觀課，觀察與記錄學生的學習表現，在過程中也使用教學評量工具，這是在「實踐教學活動與資料蒐集」中可以撰寫的內容。

　　之後，教師集體議課，將學生表現的成效分析提出來與其他教師討論，確立學生表現的意義與原因，這些內容可以讓教師在「統整教學實務與成效分析」中顯示其評估學生表現的專業能力。

　　最後，教師在議課後省思整個歷程，可以先了解原有的教學設計對學生是否具有學習成效，也可以思考教師在共備觀議課之歷程的教學實務知識改變、相互刺激思考後的學習結果與心得，並且提出具體可行的教學方案，這將是「省思教學省思與價值建構」中的重要內容。

◉ 以教師自我敘說的方式撰寫

　　撰寫教研論文不需要華麗的文藻，只需要語句通順的自我敘說，以單數第一人稱「我」或複數第一人稱「我們」當主詞，把自己或大家所想的、所做的以及學生表現描述出來。自我敘說宛如在說自己的故事，不過，不僅是描述所看見的，也要敘寫心裡原來所想的以及後來所發掘的事務。例如：一個小學教師這樣自我敘說：

　　　　我任教已經十年了，我一直認為教學就是要把學生教得懂。這
　　次參與共備觀議課，我們的主題是「地形」的教學，我們於共備課
　　前一週自己先備課……。
　　　　共備課時，我聽到王老師提到學生經常把「丘陵」和「台地」
　　搞混，我的學生也是如此，我列出「丘陵」的構成要素是……。

　　教師不需要擔心開始時寫不好，先寫再調整、再修改。寫作可以幫助自己思考，如果自己寫不出來，那表示大腦裡的思緒還很模糊，教師若能堅持去寫，就會發現教學事件的脈絡細節與因果，而逐漸地，更會知覺自己教學知識的不充分之處。而教師在自備課後立即書寫，就會發現自己備課尚不夠充分，便可立即再去思考或找尋備課不充分的要素；教師在觀課後的書寫，

就會發覺學生表現原因的推論不夠準確，便可能再去比較對照其他觀察到的資料，其他階段也是如此。

　　教師只要自己說故事，為了故事的邏輯連結，就會去補充相關要素，而這個要素補充更能刺激教師思考，使教師自己在自備、共備觀議課以及省思的內容上更能完備。

一篇好的教研論文之特色

　　一篇好的教研論文並非呈現高等教育統計或質化分析技術，而是需要呈現教師為學生投入心力的歷程。

　　首先，教師透過自我敘說、自我論證的方法，彰顯自己的教學理念、實踐和省思的內涵。論證即是證據與觀點之間的邏輯連結。證據是外在的表現，包含教師教學行為和學生的學習行為，觀點即是對外在行為的評估、判斷和詮釋。因此，教師的教學理念和先前經驗與學習理論之間要有合理的對照，在「教」和「學」之間要有堅實的連結，並綜合邏輯論述。教研論文是教師在教學理念與教學實務間、證據和觀點間進行知識的重構，重新檢視和釐清教學事件的前因後果或整體脈絡，也透過論述尋找理論支持，並找尋有力的證據去證實具有教學價值的論點所在。這些歷程的呈現，即是教研論文在教師教育工作上的專業體現。

　　另外，教師的教學思維也可能透過教學實務研究與教研論文寫作去思考如何創新自己的教學。教師可以不斷地質疑自己的舊有習慣、挑戰既有模式、嘗試較新思維以及建立新穎範式。在教學工作中，教師得要經常質疑自己、挑戰新穎，以讓自己的專業更成長。教師的教學需要改變，教學實務研究與教研論文寫作可以協助教師透過對自己教學實務的關注與寫作思考的歷程，更有創意地改變自己的教學，使其更有教學品質和正向的效果。

　　一篇令人感動的教研論文是教師不吝揭露自己在教育場域的積極努力、教育熱情、獻身教育，以及不斷自我專業成長的感人故事。令人感動之事非

使用華麗文藻和感人肺腑的文詞，而是呈現一個教師如何關注學生、觀察學生學習表現、對教學議題如何感到興趣、實踐過程如何投入、面對學生問題如何解決以及如何讓學生獲得更高學習成效。藉由這些去論述教師教育專業和教學品質，也透過教研論文寫作去呈現令人感動與令人讚美的教育故事，去感染同儕一起改變教育、改變社會，爲了學生的學習不斷地淬練自己。

◉ 教研論文轉印製壁報論文

　　教師進行共備觀議課，發揮集體智慧，提升學生學習成效，教師自己也能專業成長，這專業表現需要讓社會大眾了解。因此，我建議各學校主動將教師社群所撰寫的教研論文，經過簡單的檢核程序後（例如：是否具有教師專業改變歷程與其他研究倫理相關事宜），印製成壁報論文。

　　壁報論文可張貼在學校公布欄，對外開放日（例如：家長日、運動會）時還需要張貼在明顯處，如圖8.1。這有兩種目的，其一讓教師的專業歷程被人看得見，其二是藉此肯定教師對學生學習的投入。

圖8.1　教師教研論文海報展示圖

教師們也不需要太謙虛，在當前社會中，如果沒有自我展現自己的優點，他人很難發現。展現這些優點也不全是為了自己，讓社會大眾看見教師為學生學習的努力，進而肯定教師是一個專業工作者，才是最終的目的。

小 結

教師需要探究自己的教學，藉此發展教學實務知識，這種探究教學實務知識逐漸成為教師專業成長的重要方式，而透過教師教學實務知識的改變歷程與結果，評估教師專業成長的成效。

教師藉由參與共備觀議課，擴大教師教學思維，再透過教學實務探究的歷程，在教學理念與教學實務間、證據和觀點間進行知識的重構，重新檢視和釐清教學事件的前因後果或整體脈絡，也透過論述尋找理論支持，並找尋有力的證據去證實具有教學價值的論點所在。

教師再將教學實務研究的歷程撰寫成教研論文，透過教研論文彰顯教師自己的專業。教研論文除了應與教學實務連結外，也能讓讀者和社會大眾感受到教師的教學創意、細微思維以及令人感動的教學故事。

關於教學實務研究與教研論文寫作，教師可以參考我先前一本著作《教學實務研究與教研論文寫作》，書內有更明確的理念以及寫作指引。

參考文獻

Shulman, L. S. (1987). Knowledge and teaching: Foundations of the new reform. *Harvard Educational Review, 57*, 1-22.

第九章

校長的課程領導作爲

　　雖然有些教師認為校長職務是一種政治性的工作，需要建立學校對外的關係，不過，愈來愈多的觀點指出校長投入課程領導是學校改變的關鍵因素。

　　另外，十二年國教課綱總綱之實施要點中提及校長需要公開授課，這有許多不同的觀點。一個來自國外的觀點是「校長是首席教師」，校長需要扮演引領教學的角色。然而，我訪談過一位國中主任、一位高中主任，他們認為校長沒必要公開授課，畢竟校長沒排課授課，為了公開授課可能還得花費許多心力準備（包含行政上的準備和故意找典範教師來討論）以達到「模範」的樣子，藉此建議校長不需要公開授課。另外，也有校長對我提及，他上台授課一定教得不好，其目的不是「模範教學」作用，而是身先士卒，以利要求教師公開授課。

　　以台灣學校的教師文化而言，上述這些觀點都不夠具有高度，而根據我的訪談結果，校長即使如同上一段所述的作為，均無法帶動教師願意參與相互觀課，校長如果只在乎自己那一節的公開課，那教師可能也只會教一節公開課而已。我的觀點是「校長宛如職棒球隊的總教練」，總教練不是選手，但偶而需要示範打擊或守備。然而，因為長期沒練習，揮棒和打擊一定沒有選手強，指導打擊或守備之目的是讓選手知道棒球的「原理」（而不是和選手比賽打球），也讓所有選手知道總教練「懂球」，總教練也要知道在什麼時機提出訓練計畫、要求和鼓勵選手，也能夠布局策略讓球隊贏球。因此，校長可以上台授課，但那不是「模範教學」，而是透過自己與教師共備、觀課和議課的歷程，引領教師體會共備觀議課的意義，進而改變學生學習成效與專業成長學習的價值。

第一節　校長的公開課與帶領作爲

　　一個學校教師決定開始以教師共備觀議課作爲改善學生學習成效與教師專業成長方式時，不要直接安排教師公開授課行程表，如果學校教師不了解、無法體會教學上的利益，最終僅是會做一些表面上的事，教師專業成長動力很快就會消失。

校長務必了解課程與教學設計的內涵

　　本章前言提及校長是總教練，不是選手，也不需要成爲選手，但務必要讓選手知覺總教練懂球，以此轉移，校長不一定要知道每一個學科領域，但必須要對課程與教學設計的組織原則要充分了解，也要知道學生的學習歷程原理。校長是課程「發展」的專家，但不是課程「實踐」的專業者。

　　從課程與教學設計的理論基礎開始，課程設計是指課程內容設計，亦即學生學習內容的選擇、組織與安排，也包含了課程的結構與要素。特別是學校本位課程、特色課程與彈性課程之內容選擇與組織，那涉及到一個學校自主的課程發展與設計。

　　教學設計是指教學活動設計，教師需要先思考學生對於課程（教材）內容應呈現什麼樣的學習表現，進而發展學習目標，並發展教學活動與教學評量。教學活動包含講述、示範、討論、合作學習……教學策略的應用，這些活動的組織與連結，形成教學活動步驟，或是一種教學計畫的雛形。

　　一般教師較爲忽略的是課程內容轉化爲教學設計，除了多數教師都以教科書內容的編排進行教學外，教學活動之內涵在乎教學流程和教學技巧，而較少在教學活動中關注學生的認知改變。要關注學生認知改變得需要知道學生的認知思考歷程，這即是學習歷程原理。除了課程與教學設計原理外，校長也要知道學習歷程原理，藉此了解各種教學策略，以便在教師共備觀議課提出與討論。

以台灣的中小學而言，任何一位校長的先前工作一定都是教師，多數校長還兼任各縣市教學輔導團工作或教師專業發展評鑑的教學輔導教師，對課程與教學設計並不陌生。但重要的是，校長對課程與教學設計之關鍵內涵以及課程轉化務必要充分了解，不僅是讓教師知道校長「懂球」，校長也可以察覺教師疏忽之處以及需要提供協助之處。

引導教師建立共備觀議課的信念

多數人會提及學校願景，但我這幾年來的觀察，校長與教師共構學校願景並無法促進教師投入課程與教學設計和實踐中。原因是因為教師缺乏同儕共備觀議課的價值信念。

信念涉及到個人的經驗，以及透過經驗和外界交互作用後所產出的一種思想傾向。信念是影響個人行為的因素，要改變或建立信念不能只在知識上進行調整，而需要在情感性上認同。這已經在社會人文領域的相關研究中被證實，當教師心中具有共備觀議課的價值信念，大多數教師就會投入參與。

我曾發放過兩千多份問卷，其中一個題目詢問教師「您是否會為了學生學習更好一些，在可以努力的範圍中願意調整自己的教學方法」，資料分析顯示99%的教師勾選非常願意或願意。從這個數據發現絕大多數的台灣教師都願意為了學生學習而投入教學改變中。

學校教師需要改變，但不是為自己改變，是社會環境改變後，為了讓學生在未來能面對各種挑戰，教學方法必須要改變，教師是為學生的未來而改變。我們希望教師建立與持有「把每一個孩子帶上來，可以面對未來社會挑戰」的信念，校長必須讓教師了解共備觀議課之焦點在於學生，而進班觀課是為了了解學生學習表現，再透過集體議課思考教學策略，進而幫助學生學習成長。之後，校長與校務團隊透過初期幾次的謹慎安排，特別是學生學習內容的策略，讓教師透過實踐，體會到學生學習成長的喜悅，藉以帶動教師對共備觀議課的情感性支持。

參與教師社群讀書會

讀書會是參與教師針對某一學科內容知識、教學策略或某一特定主題，先進行資料閱讀，理解或釐清概念後再發展在教學實務上應用的策略。讀書會的進行如同共備課，每位參與者輪流說出自己的觀點，再對話討論。讀書會中教師不需要產出共識，只是主持人（第一次通常是校長）要不斷鼓勵教師解釋和澄清自己的觀點，也鼓勵參與者開放自己，多聆聽他人觀點的價值。校長一方面帶領教師熟悉讀書會的運作，也藉由讀書會充實自己的課程與教學知識。

讀書會之前，校長自我要求，也要求教師務必針對閱讀的資料進行教學實務上的轉化，這對教師應該沒有什麼困難，只是轉化程度深淺問題而已。不過，如果校長自己或教師沒有先閱讀與發展實務作法，讀書會中僅能就某些人的意見進行討論，不僅對該主題的理解不夠深入，有些人可能就會失去再度參與的意願，對整體教師教學知識的成長助益不大。

另外，我建議校長把所有社群召集人一起找來參與讀書會，也讓所有召集人了解讀書會的運作，以便日後召集人回到自己的社群帶領。

校長課程領導除了「how」還有「why」

校長與教師進行共備課以及參與後續的觀議課時，除了扮演一個教師的角色外，在「公開授課」的過程中還需要向教師講解「為何要這樣做」的原因。簡單來說，不是只有「how」，還是講解「why」。

本書先前已經提過許多教師共備觀議課時的「how」，校長還得針對「why」去思考如何讓教師了解做這件事的意義。共備課時，校長需要提及教師協同學習與價值分享的利益，特別是教師個人思維有限，相互刺激思考，擴大對課程與教學的理解；在觀課前的說課時，要說明關注學生的目的，建議提及一個教師教學時，只有少部分思緒在關注學生，多部分再思考

下一步要說什麼要做什麼；在議課時，也要再說明議課的目的，強調所有教師一起幫助學生，也需要提及教師集體議課是重要的學習機會，不僅關注觀課時的學生，也可以將觀議課心得用在自己的學生上。

不過，為了讓教師能夠體會，而不是只有聆聽，校長必須要思考如何以簡單的任務讓教師體會到協同學習的價值，例如：一定要先自己備課再共備課，以及觀課後一定要議課，最好在當天就議課。

可以選擇學校本位課程與教師一起共備課

通常校長在平時不會有安排課務，即使校長之前是教師時一定會有主要的教學科目，若要進行公開課難免壓力很大。另外，多數教師雖然也都已經知覺觀課是關注學生表現，但若校長教學情境過於混亂，可能也會讓教師對於觀課知覺無益，甚至失去信心。

校長可以選擇學校本位課程或特色課程和教師共備課，藉此與學校教師共同發展學校特色，這也不影響其他學習領域的教學內容。

與教師共備課時，除了仍然遵照教師先自備課再共備課的原則外，校長可以藉此將自己對課程與教學設計的觀點、原則和方法傳達給教師，這有點理念表述之意。之後，也接受教師對教師課程與教學設計的回饋。

校長若選擇學校本位課程或特色課程和教師共備課，那像是一種學校本位課程的共同規劃，共同思考學校的發展。

校長的公開課

校長公開課不是指朝會時的講話，也不是教師晨會時講述自己的課程與教學理念，這在早先幾年曾有如此聲音。如此做，不僅缺乏學理基礎，只是讓社會大眾或教師認為幫校長找台階下而已。

校長公開課就是上台教學一節課或更多，台下有自己學校的學生在學習，旁邊有自己學校的教師進行觀課。上一段提及校長可與學校教師以學校

本位課程或特色課程進行共備課，共備課之後選擇一節課進行教學。教學前先了解學生學習特質，安排部分教師協助觀察特定學生。

在此階段，校長要呈現一種「帶領教師觀課，而不是教一節課」的心態，這樣做不僅呈現校長課程領導的高度，也可以讓教師對「校長模範教學」的想像略少一些。

因此，我建議校長或教師不要太在乎校長公開教學那一節課的成效，因為，那一節課之目的不在於提升學生學習成效，而是帶領教師如何進行觀課。

參與集體議課了解教師專業成長需求

如同先前所言，校長參與教師共備觀議課不是只有「how」，還是講解「why」，更重要的是讓教師察覺大家一起為學生學習表現進行共備觀議課的真實意義，因此，校長需要關注教師的投入與理解程度。

校長與教師集體議課會更容易察覺教師的投入程度和知覺教師專業尚未充分之處。校長從教師的議課內容中，可以了解教師對觀課的知覺，或許部分教師還停留在觀察教師與給教師建議的傳統觀念上；也可以透過教師的語言，察覺教師的教學實務知識之成長需求，例如：當教師多提及教學技巧而較少教學策略時，這即是學校規劃教師專業成長學習之基礎來源。

即使許多人已經了解一個學校的教師之專業需求不同，但如何察覺似乎較少人有好的建議，校長參與教師的觀議課就是一個察覺專業成長需求的好時機。

校長參與共備觀議課即是「how」、「why」和「then」

一個好的總教練可以透過選手的訓練觀察選手的專業需求，擬定培訓計畫；一個校長的課程領導需要知道課程與教學如何設計、教師如何進行共備

觀議課，而在參與中，除了解釋共備觀議課的目的與意義，以及讓教師體會價值外，藉此了解教師的專業成長需求是一個積極校長會有的作為。

不過，了解需求之後，就得與教師共同討論未來的專業成長計畫，以教師需求形成專業成長的主題是一個好方法。如同先前所言，以某個特定主題為焦點，進行讀書會、教師共備觀議課，從關注學生學習到教師專業成長。

教師共備觀議課不能像傳統教學觀摩只是表面作為，行政單位規劃進程時，要能讓教師體會與察覺真實的意義。而校長參與教師共備觀議課，除了與學校教師共構學校特色外，也可以藉此了解教師專業需求，進而規劃未來的專業成長學習活動。

第二節　校長需要策略性布局

無論哪一所學校，其教師對課程實踐的觀點一定相當多元，不可能以一套作為讓所有教師完全體會專業成長學習的重要性。本書第三章也提及教師教學文化的多樣性，了解教師對十二年國教課綱核心素養之課程的理解程度，以及參與教師在共備觀議課觀點和投入程度的差異，進而提供適性的支持與協助，這也是一個學校校長應該關注的事。

校長需要自我建立信念與正向態度

部分校長可能正存在著傳統行政領導與當代課程領導的矛盾思維，也可能受到校內部分教師極度消極的教育態度影響，對於新課程核心素養的實踐和教師共備觀議課仍採取觀望的態度，或許不想要碰觸教室內的教學事務，以免和教師產生衝突，也或許對核心素養和教師共備觀議課缺乏信心。部分校長可能會將核心素養和教師共備觀議課視為行政業務，將此交付給教務主任處理。根據我的觀察研究結果，這樣的學校通常對於課程實踐都僅有表面

作業，並不會在學生學習成效、課室內的教學以及教師專業知識上有所變化。

　　一個學校要改變，一定要校長先改變，校長是一個學校發展的靈魂人物。校長的課程領導一定會面對各種挑戰，需要先自己建立正向的信念與態度。在信念上，no child left behind是每一個校長的自我期許與責任，藉此建立帶領教師共備觀議課是為了提升學生學習成效；在態度上，每一個教師的專業都需要被尊重，即使少數教師專業度仍然不足，但那就是專業成長的需求性。

　　如果校長對新課程與教師共備觀議課的專業成長方式有一點遲疑，就可能讓教師失去動力，甚至抗拒參與。然而，校長不僅不能質疑，還得要理解、投入與策略性的帶領，校長不能低估參與後的表現，當校長先改變，全體教師就有可能改變。

校長應了解教師在課程實踐的差異與提供協助

　　無論是文獻上或我多年來的觀察，教師對新課程實踐的差異很大，我從教師可能會對校長或教務主管的講話中，分析成七類教師對新課程實踐的投入程度：

1. 新課程？我不知道那是什麼？
2. 新課程？我知道啊！但我不想管，我要（退休）……。
3. 新課程？我知道啊！我正想著怎麼去做。
4. 新課程？我知道啊！我正在照著去研習所學的在進行了。
5. 新課程？我早知道了，我正在思考如何改善學生的學習。
6. 新課程？我早知道了，我們正在組織教師社群一起共備。
7. 新課程？我早知道了，而且我們正在發展一套新模式。

　　校長或行政主管面對上述七種教師實踐新課程的投入程度要有不同的支援。我藉由多年來進入學校的觀察以及研究心得，針對不同投入程度的教師，提出我在支援上的建議，如表9.1右欄文字說明。

表9.1　教師實踐新課程的投入程度與其相對的支援之參考摘要表

投入差異等級	學校可安排的支援
1. 真不知道	1. 提供充分的資訊，讓教師理解課程實踐內涵
2. 不想理它	2. 提供支持以產生外部動機，再轉為內部動機
3. 正想著它	3. 提供良性典範模式，鼓勵教師嘗試運用
4. 正照著做	4. 提供多元實例，引導教師批判思考教學的本質
5. 改善學生	5. 鼓勵教師合作，協助安排與組織教師社群
6. 組織社群	6. 鼓勵校外聯盟與相互激盪，協助教師發展創新模式
7. 發展模式	7. 提供教師展現專業的場域，發表教研論文呈現專業

　　校長與學校行政主管可以在規劃全校教師專業成長學習活動時，參考表9.1的支援內容。不過，先前所述，單一模式無法充分滿足教師所需，校長與行政主管可以針對不同的教師巧妙地提供相對應的支援。

了解教師抗拒改變的原因

　　社會環境變化，學校教育與課程教學需要改變，但教師面對新課程實踐，初期會有抗拒是正常的。校長需要了解教師抗拒改變的原因，切勿用上級公文或要求作為教師實踐新課程與共備觀議課的理由，否則，教師仍會產出一些結果，只是這些結果多是表面作業而已，對學生學習沒有助益。

　　教師抗拒改變的原因很多，而且每個學校內的每個教師可能不同，大致有以下原因：

　　第一、人是習慣性的動物，要立即改變本是不容易。部分教學經驗相當豐富的教師面對一些學理所發展的課程實踐與專業成長方法嗤之以鼻，總

是認爲那些外來的、來自知識象牙塔的學說，認爲對教學實務一點幫助都沒有，自己早已建構的教學模式才是具有情境意義。要一個教師改變多年經驗的模式去相信一個新模式很不容易。

第二、人們對於不知道的事總是會產生些疑慮，教師擔心改變後的結果如果不如預期又該如何。部分教師也常提及台灣不乏教育改革，過幾年後那些改革的理念又恢復傳統，早先那些教育改革沒有讓教師體會到價值利益，大都僅以表面作爲應付而已。因此，校長與行政主管務必讓教師了解核心素養、教師共備觀議課之明確目的、過程，並能讓教師透過實踐體會到價值與利益。

第三、人們都需要安全感，心理安全是教師自我實現之基礎。任何改變過程中，教師的心理安全感一定會受到威脅，例如：相互觀課中是否會接收到實爲教學建議卻帶有揶揄的對話內容，或是資深教師參與共備觀議課，導致失去既有的潛藏權力。要教師實踐新課程與共備觀議課，校長和主管需要布建一個心理安全友善的環境，在心理安全中去提升教師教學專業。

第四、改變可能讓人們自覺自己過去不好，當校長提及教師需要爲學生學習改變之時，部分教師可能會提出「爲何想要改變，過去很不好嗎？」這是一位校長曾對我說過的話。校長需要提醒教師，「不是要改變我們自己，而是十二年國教課綱核心素養對學生學習的重要性，傳統教學無法滿足學生學習，我們是爲了學生而改變自己的教學」，從學生學習需求改變導引至教師改變自己的教學（不是改變「自己」），是可以被教師接受的理由。

克服教師抗拒改變的問題

任何新課程實踐與專業成長方法，總有部分教師抗拒改變，這些教師對共備觀議課也持有相當消極的態度，部分表現於外，透過各種理由抗拒和拖延，部分則以冷漠、不理睬或僅是表面作爲以對。不過，如同上一段，教師抗拒改變的原因很多，不一定全部都是教師個人的因素，有些來自組織氣

氛、有些來自於誤解，也有來自於缺乏價值性的資訊。

給正向鼓勵是永遠可行的方法之一。即是教師參與共備觀議課過程中表現略微失當，給教師溫暖是校長必要做的功夫。新課程實踐與專業成長不能僅是依照法則行事，要融入關懷與尊重才會有具體成效。

清楚的目標與關注的焦點是澄清教師誤解的關鍵，校長必須要在各種適當場合，以學生學習需要改善為目標，逐漸勸服教師一起往這個目標努力。而在作法上，也需要讓教師知道和察覺共備觀議課真的是為改善學生學習而去做的事。

當一些教師被勉強或被勸服進而開始參與時，有價值性的證據是必要的。校長與行政主管在規劃教師專業成長活動時，不要好高騖遠，不要想一下子就提升教師的高度教學專業，需要妥善規劃與設計，先以一個環節讓教師感受到可行。明顯且對教師有利的證據永遠可以讓教師往前跨一步。

校長的策略性布局是成功的關鍵

當校長已經了解新課程核心素養的內涵，也認同教師可藉由共備觀議課改善學生學習與促進教師專業成長，校長除了參與外，也要有策略性的作為。社會中很多事情無法短時間完成，也沒有快速的方法，只要有價值有意義的目標，謹慎思考前往目標的策略是相當重要的事。

具有階段的策略是可行的方法，校長、行政主管和各學年或學科領域代表教師一起研擬各階段目標與作為，依照教師的專業需求發展每個階段的內容。不過，設計各階段內容比較容易，真實落實並讓教師體會到價值比較需要花費心思，但後者卻是前往目標的動力。

在每個階段，校長都要讓教師清楚明白實踐上的細節與意義，並且讓教師感受到正向的價值。部分階段有些關鍵性的作為，例如：先自備課再共備課、觀課一定也要記錄、觀課後一定要議課、給教師溫暖比專業回饋重要。校長需要知道哪些重要細節就是影響目標達成的關鍵因素。

　　校長也可以安排部分教師成為專業成長促進者，這些教師通常年紀稍長、具有教學經驗、情緒穩定，即使教學專業程度非頂尖，但希望學校在和諧氣氛上逐漸發展。讓這些老師在社群中扮演教師衝突的潤滑劑，必要時校長可以召集這些人形成共識會議，讓他們理解教師共備觀議課對教育改變的真實意義和重要性，再與他們針對各階段目標與做法進行深度對話，有了共識之後，這些促進者就可以協助整個計畫的推動。

　　在此之前本書所提的內容都是一個學校可以用來規劃教師專業成長活動的資源，但要能夠成功，校長的策略性布局是重要關鍵。

第三節　社群運作策略與教師衝突的處理

　　組織文化是任何組織運作時應該關注的事，學校亦是一個組織，學校組織文化影響學校校務的推動。由於學校組織文化涉及太多因素，本書第三章也略微提及，本章僅就一個校長的角色，針對教師社群運作策略進行說明，以及當教師產生各種衝突時，校長如何察覺與處理。

尋求外部的支援

　　部分教師在共備觀議課時可能對於核心素養之學習內容與學習表現不甚了解，對觀察學生和評估學生表現也可能不夠精準，或者是教師以共備觀議課發展教師專業知識時抓不到關鍵重點，針對這些現象，學校都可以尋求外部的支援。

　　核心素養中的學習內容或教科書上的核心知識之構成要素分析，是我這兩年來觀察教師比較無法充分掌握的地方，這可以請各縣市學科輔導團、師培大學教材教法教授前來協助；若在評估學生表現上經常擔心可能誤判而產生錯誤的因應策略，這可以邀請教學經驗豐富的中小學教師或在此方面有研

究的大學教授；而若是共備觀議課的運作與價值產出問題，一些成功學校的案例可以分享，或是到他校進行教師間的交流。

　　尋求外部的支援很重要，根據學校內部的需求找對合適的人前來，或到他校去。不過，有時教師可能會跟校長要求，邀請一位外校的中小學教師前來教自己學校的學生，以作為觀課的模式參考。這種作法可能只有負面效應，原因在於他校教師教本校學生一定教得不好，師生互動上也有問題，這反而讓學校內教師認為學校推動共備觀議課反而讓學生學不好，失去了參與的動機。他校學校教師可以前來分享經驗與作法，然而，擔任教學得要自己學校的教師才行。

以社群運作主題式共備觀議課

　　教師為了學生學習進行共備觀議課是一種社群教師協同學習模式，協同學習不同於個人學習，協同學習強調知識的分享與社會建構，因此，教師共備觀議課要能夠成功則仰賴社群內每位教師願意分享自己的觀點。

　　通常學校會以教師任教領域進行社群成員的安排，不過，有些小校教師人數少，任教同一領域的教師相當少，一個社群要有三個以上教師很不容易；有些偏鄉小學是以年段教師進行社群組織，這無可厚非，或許部分教師會質疑任教學習領域不同難以共備課，不過支持這樣作法的人提出小學教師本來就是包班制，非任教領域也應有初步的理解。

　　另外，部分學校交由教師自組社群，這也會產生部分教師可能落單，沒有社群邀請或可加入。社群的組織涉及組織氣氛與教師學習風格，沒有一套完美的作法。不過，與其將重點放在教師社群的組織，不如思考如何運作，運作得好，教師社群的問題就會少。

　　以主題式的共備觀議課進行運作是可行的作法，本書第五章第三節提及主題式共備（觀議）課，再參考本書第六章教師相互觀課與第七章教師集體議課的內容，便可以形成一套主題式共備觀議課的運作模式。基本上，根

據教師需求挑選或自訂主題，再透過讀書會、自己備課、共同備課、相互觀
課、集體議課、心得省思以及發展教研論文，除了教師進行協同學習有了焦
點外，最後依據主題產出學習心得以及以論文呈現專業表現，可以讓教師了
解共備觀議課對學生學習和教師專業成長的利益與價值。

共備觀議課中可能出現的教師衝突

未進行相互觀課時，教室內就只有一位教師，每一個教師都是行使專業
的獨立個體。若教師要以共備觀議課之協同學習方式，難免就會有教學觀點
上的差異。這些教學觀點上的差異若無法察覺與處理，可能就會造成協同學
習上的困難，進而同僚關係不佳，教師失去信任感。

我這兩年的觀察結果，教師間的衝突多是觀點上的差異，這是學校校長
或教師不了解共備觀議課的學理基礎導致如此。共備觀議課是以教師協同學
習為理論基礎，協同學習不需要產生共識，僅是知識相互分享、相互刺激思
考，自我建構知識，而「自我」之意則在於「自己決定」。校長需要理解和
傳達如此理念，當教師們的對話是相互尊重，就會相互分享，就會自我建構
學習。

校長和行政主管與教師間的衝突來自於溝通不良的問題，我觀察過許多
學校，學校教師對校長和主管頗有微詞，但我相對地訪談校長和主管，兩方
觀點差異很大。不過，倒是有些行政主管僅會積極地按照公文或校長指示去
推動，甚至依據某個專家教師或某本書上的程序要求教師進行，忽略了理解
教師共備觀議課和其每個階段的目的，因教師無法理解如此做的原因，便可
能僅有表面作為，甚至言語抗拒。若再不察覺是觀點上的衝突，而轉而認為
是教師不配合、掛上教師不願意專業成長的帽子，衝突將會加大，學校組織
氣氛也會相當低落。

還有一種教師間的衝突來自教師不經意的對話內容或者是說話的藝術不
佳，例如：教師可能在觀課時不經意地說「這個很簡單，你怎麼不會？」，

解決這類衝突除了運用本書第七章第一節內提及教師發言可參考的三部分內容「描述學生表現→推論表現原因→提出因應的教學策略」外（從學生表現進行對話，教師會比較願意發言），校長或召集人則要有語言敏感度，當聽到教師如此對話時，得要再度強調以學生表現為焦點進行對話。

　　教師間的衝突還有很多，部分來自於組織氣氛，但也有部分來自於教師個人特質，校長可以在組織氣氛上努力營造學校教師的良善關係，若涉及教師個人特質的衝突，校長得要隨時保持敏感度，適時地以幽默、尊重的方式解決。

◉ 讓部分社群教師的成就感成為解決衝突的策略

　　不管學校校長怎麼努力，只要想調整學校教育發展方向以及改變教師專業成長模式，校園內一定會有些許衝突產生，衝突來自於改變。不過，如果一個校長或主管如果花費所有心思在解決校園衝突，後續的衝突仍然會持續出現。一個好方法是讓學校教師感受到改變的利益與價值，這些利益與價值自然會讓教師間的衝突減少。

　　學校內總是有些教師對於專業成長比較積極，在推動共備觀議課初期，先以這些教師組成社群，也讓他們了解共備觀議課在學習效益和專業成長上的價值，鼓勵他們嘗試運作，經常關心他們實踐上的困難，校長與主管提供充分的支援。由於各種條件的配合，這個教師社群便可能會有成果，校長得要讓這些社群教師在各種適當的場合，於其他教師面前分享他們實踐協同學習的喜悅與成就感，運用這種喜悅與成就感的氣氛，讓其他教師知覺教師共備觀議課的利益。

　　對於那些仍有質疑的教師，上述作法除了可以引起他們的參與動機外，對於教師間協同學習的衝突也具有減緩的作用，一個組織充滿正向良善的氣氛，相對地，校園衝突便會減少。即使仍有少數教師可能會有嫉妒的心，此時校長可以與這些少數教師單獨對話，了解其心理需求，邀請其參與。

小　結

　　本章以校長是一個職棒球隊總教練之比喻，提及校長在教師共備觀議課的角色，也回應十二年國教課綱總綱提及校長公開授課的觀點，校長應該帶領教師以學生學習表現爲焦點進行共備觀議課。不過，校長不是進行「模範教學」，而是透過參與，講解共備觀議課的作法與其意義，也要讓教師在各個階段中感受到價值。這種邊講解、邊行動與邊感受到價值的方法，對教師專業成長有相當大的助益。

　　然而，一個學校教師對新課程實踐與專業成長模式總是有多元的觀點以及差異性的知覺，校長需要視爲理所當然，也要藉由了解教師的差異察覺教師的專業發展需求，提供合宜的支援與協助。策略性的布局相當重要，校長不需要期待教師在短時間內達到專業成長的最終目標，而是從了解實踐理念、教師差異、教師需求以及分階段實踐和提供支援。

　　建立教師社群是讓教師共備觀議課能夠成功的起點，再以主題式共備觀議課的形式進行，使教師對話有焦點，可以促進協同學習成效。不過，教師間的衝突是避免不了，只要想改變一定會有衝突，許多衝突來自於觀點上的差異，除了堅守協同學習相互刺激思考、自我建構知識與自我決定方法之原則外，校長和主管要有敏銳度，去察覺教師衝突的因素。不過，讓組織前進是解決組織衝突的首要策略，教師可以邀請積極參與教師專業成長的教師先行實驗，讓這些教師的喜悅和成就感成爲解決衝突的良方。

第十章

教育局處與教學輔導團的協作

　　當做一件事時，腦中若只有那一件事的細節（經費、活動、策略），這件事就不容易真正成功。如果欠缺那種由衷想要去做的想法，心中沒有堅信的目標，去做那件事就會迷失方向，這是任何人想要推動任何事之前應該要思考的事。

　　本書以核心素養的教師共備議課爲題，以學生在核心素養之學習內容的學習與學習表現爲焦點，以教師共備觀議課爲方法，在促進學生學習成效後，教師的教學實務知識也改變，這即是教師專業成長。不過，推動者若只在乎計畫經費、研習活動場次、共備觀議課的時程以及預期成果或效益，沒有讓教師先建立做這件事情的信念，可能就會如同先前的教師專業發展評鑑或其他的教育方案一樣，教師參與度不高，導致專業成長效益有限，甚至知覺毫無用處，浪費時間。

　　各縣市教育局處是推動教師專業發展的上級單位，這幾年來，也多成立教師專業發展中心，有些爲了教師專業發展評鑑計畫，有些已經轉型爲教師專業發展的支持單位。其次，各縣市早有教學輔導團的設置，據我觀察，許多縣市輔導團教師也積極自我進修以及帶領學校教師專業成長，包含進入學校與學校教師共備觀議課。這些作爲令人肯定，不過，本書建議，一定要讓教師建立「爲關注學生學習表現去共備觀議課、由改變學生學習品質去提升教師教學實務知識」的信念。當教師有了這個信念，實踐程序、活動和進度都可以調整。所有教師目標一致，堅定心中的目標，教師共備觀議課便有了方向，就能在價值體會與認同中，逐漸實踐與逐步專業成長。

第一節　教育局處的引領角色

　　當教育工作者在談論教師專業發展時，大都只談來自教育部的政策或來自學校教師的觀點，勉強有一些來自於研究機構或師培大學的心得報告。

多數人對地方政府教育局處的刻板印象即是發下公文要學校繳交資料的上級單位，否則就是安排各種教育相關業務的訪視，有時也處理一些來自於家長投訴的事件處理，幾乎沒有人會去思考教育局處會有、應該有的教育引領角色。原因很多，但多數證據就是顯示上述的現象，教育局處要讓各個學校變成專業發展學校，得要轉變成學校教育的協作者與教師專業發展的支持者才行。

重新思考學校教育的目的

早期中小學教育不外乎課程教學和學生的生活教育，經過師資培育合格的教師在一個學校組織與責任安排下，各司其職。校外人士可以了解這個學校的資訊大概就是學生的升學成績，特別是少子化之後，學校有招生壓力，每年六月開始，學校圍牆上所貼的海報幾乎都是學生升學榜。學校以自己學生的升學成績自豪，家長似乎也認為孩子的升學應重於一切，因此，更加重學校教育在升學成績上的努力。然而，每一個孩子都可能具有某種特定天賦，如果學校教育只在乎智育成績，只辦理智育相關活動，可能就會埋沒那些智育表現較差，但有其他天賦的孩子。

地方教育局處似乎也不會干涉學校尊崇智育活動與成績的事，部分地方教育局處首長似乎在民意代表和家長的壓力下，反而也要求學校產出較佳的升學成績。隨著社會發展，各種挑戰愈來愈多，需要的人才多元，學校教育必須要改變：跟隨著十二年國教課綱總綱之核心素養的提起，學校教育應該重視孩子的多元表現，提供多樣化的課程讓每一個孩子的天賦都可以被看見，進而以適合的方式教育之。地方教育局處似乎也應該改變，得重新思考學校教育的目的，也要思考自己如何改變以及協助學校教育與教師進行改變。

學校教育的目的只有一個，即是「學生的正向發展」，包含生理與心理發展，細節上也包含了認知、情緒、道德、人格與各種生理需求的滿足。學

校教育應如此，教師專業發展也應該以此爲目的。

教育局處先要精進自己的教育專業

教育局處要引領學校教師發展專業，雖然可能僅是協作者或支援者角色，但對於十二年國教核心素養教學、教師社群運作以及課程和教學設計知識也要理解。學校教師希望教育局處能「懂」他們在做什麼，當他們需要支持、資源或鼓勵時，教育局處可以扮演協助的角色；教育局處也要透過各種方式讓教師了解教育局處的角色定位、政策的形成過程以及其推動方針。因此，教育局處人員對於新課綱與教師協同學習的學理基礎知識需要自我精進才行。

教育局處人員理解新課綱與教師協同學習之學理基礎是建立協作角色的關鍵要素，不僅在政策推動上對教師具有說服力，在理解學校教師作爲時也有重要的參考指引。

了解每個學校的差異與需求

多數教師可能認爲教育局處最好不要管學校教育的事，特別教師專業發展的方式。不過，我的研究訪談得知，教育局處沒有支持或支援學校教師專業成長，學校將沒有充分能力進行組織的學習，這其中包含政策的指引和經費的支持。

在支持學校教師專業發展上，教育局處要知道每一個教師對於學校教育的觀點以及專業成長的理念可能不同，而每一個學校也會因此形成一種特定的組織氣氛，表現在學生的學習與教師的專業發展上。如果鼓勵學校教師以社群方式進行共備觀議課，而不考慮學校文化與教師需求，就極有可能會失敗。自古以來，教育改革本就非易事，要學校教師改變，卻與教師個人的教學專業需求無關，也對想要改變的事情缺乏認同感，教師就會僅作表面作

業。

　　教育局處只用一個計畫要求轄內學校辦理是不可行的作法，有些教師對某些領域之教學極有需求，但可能再參與另一個活動是浪費時間。早先幾年，我常遇到只要一所學校違規，轄內學校全部重新教育的現象，舉例來說，一所學校未成年的學生被發現在馬路上吸毒，可能全部學校就被要求進行煙毒教育。這種一個犯錯，全部重新教育的方式已經讓教師產生厭倦，若仍是堅持，只會引起教師反彈。

　　教育局處或督學要經常走入學校，或透過輔導團員了解各學校教師專業成長上的需求與差異，有時候也可以察覺到教師專業施展上的危機。了解差異、需求與危機，再依據各校情形提供教師專業發展的支援或資源。到學校與教師（非校長或行政主管）對話聊聊是個好方法，只是沒有建立信任關係，恐怕學校教師僅會提一些片面的觀點。

教育局處與學校建立信任關係

　　相互信任是訊息傳達出去後是否真的被「接受」（非接收）的因素，也是有效或無效溝通的要件。教育局處被學校信任，便得以了解學校內部的運作情形，學校被教育局處信任，便可以獲得最貼近需求的支持。不過，長久以來，台灣各縣市政府教育局處與學校的關係處在一個上級下屬或權力上下的關係，要能相互信任極度不容易。

　　信任是相信對方是可以依賴的，不管所傳達的訊息或所做的事，相互信任便可以進行合作或協同，共同完成許多事。當雙方相互信任，對話時就不會擔心，會感覺到對話的價值、也帶有一些承諾，並且願意相互協助；然而，若雙方沒有相互信任，就會顯示雙方所關心的事務是不同、不想肩負責任、發生錯誤時指責對方、保持一些祕密以及想要掌控對方。

　　教育局處可以改變傳統思維，學校不是下屬機構，而是一個教育協作單位。在相互信任與了解教師志業發展需求後，教育局處提供政策引領與資源

支持，學校展現教育實踐的承諾，兩者分享各自的優點與價值，在地方教育扮演不同的角色，共同努力投入學校教育。

與各學校校長和社群召集人進行共識會議是一個建立相互信任的起點，在共識會議中，教育局處表達對十二年國教的理念以及想要促進教育改變的初步想法，各校代表也可以表達在專業成長上的需求，過程中再討論。由於學校教師專業成長之所需經費較少涉及設備費，即使在財政困窘的縣市，也不會因為經費造成推動上問題。只要教育局處人員具有理念、支持與尊重學校教師的專業發展歷程之態度，學校教師也願意為學生學習更投入教學，信任感就會在推動過程中不斷地被推進一些。

方向只有一個，叫做學生學習成效；教法只有一個，叫做核心素養教學

當前台灣已有很多學校教師積極且自主地參加各種教師專業成長活動，甚至利用假日自付差旅費參與研習工作坊；另外，國內有些教師自己發展教學模式，這也帶起一股學習的風潮；從日本引進的學習共同體，也可以看見許多學校從校長到教師的積極投入；而在台灣官方系統，教師專業發展評鑑也引領部分教師往專業成長的目標前進。

不過，我偶而會聽到部分教師提及「某個學校是學習共同體、某個學校是教專、某個社群是學思達」，或是教育局處也提到尊重學校採用「學習共同體、教師專業發展評鑑或其他方式」進行專業成長。然而，教育局處必須讓教師深切知道，中小學教育的方向只有一個，即是提升學生的學習成效，而教育的方法也只有一個，即是核心素養的教學方法，兩者綜合即是培養學生具備未來生活挑戰的能力。

所有教學模式或教育方法有其理念，我認為所有的理念也都是關注學生的學習。如果教育局處尊重學校採用某種特定模式，就會讓學校以該模式進行教育實踐，限縮視野。教育局處宜鼓勵以「學生核心素養」為焦點，再以

教師協同學習為學理基礎，發展符合自己學校學生特質的教學模式。

建構跨校協同聯盟

跟隨著企業協同共享聯盟的理念，各地方政府教育局處了解學校的差異與需求後，便可以依據需求和差異以及學校屬性建立協同聯盟學校，為了教師交流的便利，聯盟學校不要距離太遠。

建立學校聯盟的原則包含：1.類似學校教育目標、相互學習；2.具有類似需求，統一提供經驗；3.校際輔導，優質學校帶領其他學校。不過，我建議第3點校際輔導最好先不要成為建立學校聯盟的原則（可以當典範學校，提供大家前往學習的機會），特別是「輔導」一詞的使用，有時候自己學校聲譽是教師是否積極投入教育與專業發展的影響因素。

建立學校聯盟有許多利益，除了小校教師比較少，可以兩校進行教師共備觀議課，以及在其他教學事務相互交流分享經驗外，也具有良性特質的學習作用，亦即每一個學校都可以相互學習另外一個學校的成功經驗。

跨校協同聯盟組織後，要推舉一所學校為中心學校，並由該校校長召集其他學校校長共同商議教師專業發展方式，教育局處要成為協作者提供支持與支援；之後，共同訂下教師專業學習行程或階段，除了可以共同進行教師共備觀議課外，亦可以定期召開教學分享研討會。觀察學習是教師專業知識學習中的一種好方法，如同參與校外研習活動一般，觀看同是學校教師的教學實踐作為，具有正向觀察學習的作用。

第二節 輔導團員與社群教師共同學習

這幾年來我不斷蒐集教師共備觀議課的相關資料，透過觀察與訪談，我發現一般教師在核心素養轉化為課程內容與教學設計、核心知識的分析以

及基礎知識與核心素養的評量，似乎掌握不夠充分，另外，當觀課觀察學生時，對學生學習表現的評估偶而也有判斷錯誤之處。即使教師共備觀議課已經讓教師間相互分享與討論，然而，一個社群教師若還是無法掌握課程、教學與評量相關知識，仍需要外部人員的協助。

各教學領域輔導團員可以扮演這樣的角色，不過，並非成為指導者，而是共同學習者。原因在於他們和學校教師一樣均是具有教育工作的教師，雖然可能不完全了解學校教師的專業需求，但他們有一定的養成訓練，在學科領域、教學策略和教學評量上應該有某種程度的水準。輔導團員不僅可以提供教師更細膩的教材與教學活動分析資料，也可以進入學校與教師一起共備觀議課，並在共備課時提出對課程、教學與評量的知識，再一起學習成長。

然而，大多數輔導團員都是兼任，無法有充分時間進入學校與其教師協作；雖然少數輔導團員是借調專任輔導員，不過，我訪談時，他們多表示學校校長不會非常樂意同意他們被借調出去，原因是上級單位給的經費太少，學校只能藉此聘任鐘點教師。如此，在一個學校內，原有一位專業師資轉變成鐘點教師上課，在課務安排上極度困難。這是各縣市政府在推動十二年國教課綱與健全教學輔導團制度應該慎重思考的事。

輔導團員的自我增能

「專業者」的其中一個特色是需要長期自我修煉，換句話說，教育既是專業，任何教育工作者都需要隨時專業成長，特別是即將進入學校扮演帶領角色的輔導團員。各縣市之各領域教學輔導團有既定的進修行程，他們可以和所聘請來自師培大學之輔導教授一起討論自我精進計畫，他們也可以透過教材研發、相互觀課以及主題式的討論，在課程與教學以及評估學生表現的知識上共同成長。

輔導團員首先要能了解核心素養與共備觀議課的理論基礎，深度地了解各種課程內容與教學設計的學理基礎與教學實務之間的關聯，也包含各項

細節的分析和教學實務推動上的困難；其次，輔導團員也需要了解社群運作的影響因素，社群教師的同僚關係是影響教師共備觀議課成敗的關鍵要素之一；輔導團員也可以蒐集協作學校的教師需求，先集體研討與自我精鍊相關的知能，由於輔導團員被邀請時早被肯定其課程與教學能力，因此，在新概念的學習上會比一般教師來得快。

　　我建議輔導團員在進入學校與教師共同學習前，先蒐集教師對參與共備觀議課的理念與態度，包含課程與教學、輔導策略以及參與知覺，以作為進入學校教學共同學習時的參考。因此，資料的蒐集與分析技術也是輔導團員自我增能的項目。

與學校教師社群共同研擬策略

　　輔導團員可以在教育局處的安排下，或是由學校教師社群的邀約下，進行配對協作，亦即每一個輔導團員會有相配對的一個或數個教師社群。理想上，輔導團員應該與學校教師社群一起共備觀議課，協助教師專業成長。不過，先前所提，多數輔導團員僅是兼任性質，因此，所能參與的任務也僅是與學校教師社群共同研擬策略。

　　先前所提，教育局處可以透過輔導團員了解各學校教師專業成長上的需求與差異，輔導團員也知道教育局處可以或已經提供的經費支持，之後，與學校教師社群約定時間進行訪談，或藉由非正式訪談，了解學校與社群教師需求，再共同討論讀書會、自備課、共備觀議課與教研論文的細節與策略。

　　輔導團員對協作學校而言是屬於一個校外人士，要參與學校社群教師的共備觀議課也需要如同教育局處人員一樣取得學校校長和社群教師的信任。上一段提及，輔導團員需要自我精進，這種精進之目的「並非在於具有指導能力」，而是取得社群教師的信任。輔導團員的專業程度是社群教師信任的重要來源，當社群教師在實踐上遭遇問題，輔導團員可以提供精準、專業以及良性的建議，這會讓社群教師由心裡佩服輔導團員。

　　輔導團員也要讓社群教師知道進行共備觀議課是為了學生的學習，為學生能具備面對未來生活挑戰的能力而改變教師的教學，這個觀點比上級要求或只表達教師需要專業成長更能說服教師。

　　我對輔導團員有許多期許，包含每學期到校與相同學習領域的教師共同學習，也能提供準確的諮詢。不過，目前為止，很少縣市政府在教學輔導團上提供充分的支持，但理念比實務先行，或許在未來，這情形可以改變。

是與社群教師共同研擬「策略」，不是撰寫與執行「計畫」

　　輔導團不是教育局處主管，輔導團也不是提供經費的人，是與社群教師共同學習的人，因此，輔導團員不應該與學校教師討論社群計畫該怎麼寫、怎麼推動，而是與教師討論策略是什麼。

　　計畫和策略不同，計畫是陳述一個行動方案的理念、程序與成效評估，但策略是讓教師達到目的的方法、布局式的活動。以教師共備觀議課而言，若向教育局處申請社群計畫，必須要描述教師共備觀議課的理念與目標、成員組織、實踐流程以及經費與效益評估。然而，輔導團員和社群教師要共同討論如何評估學生表現、如何讓學生的學習能夠具有成效，以及哪一些教學方法可以促進學生學習得更好。

　　輔導團員心中永遠想的都是「策略」，也要影響社群教師聚焦在「策略」，若僅關注「計畫」，那最後便可能依著計畫交差了事，呈現表面作業與資料而已。或許我們可以這樣區分，教育局處看計畫，從計畫中了解學校教師需求、專業成長目標以及所需要的協助；而輔導團員關注策略，與學校社群教師一起思考如何達到目標。

與學校教師社群建立對話的機制

　　先前提及教師的專業知識是在實踐以及與他人對話中建構的，特別是對話，可以讓教師對所經驗事務的心得和他人心得進行對照比較，進而將好的

想法內化至心智。而輔導團員也要和社群教師不斷地對話，透過對話了解共備觀議課的困難以及所需要的協助。舉例而言，我常與某些學校社群教師對話，他們有時會提出一些問題，包含「如何轉化核心素養為課程內容？」、「真的不需要觀察教師？」等。教師提出問題便是一個好的對話起點，輔導團員可以針對教師的問題再去尋找更貼切的答案，再與社群教師討論。這種對話機制將促進輔導團員和社群教師相互刺激思考。

　　輔導團員是與社群教師一起學習的，學習內容則少數在輔導作為上，多數在課程與教學內容的設計上，這也證明一個觀點，一個輔導協作機制是建立在雙方樂於學習、積極學習和協同學習的基礎上。

　　如果社群教師還未發現問題，輔導團員可以訪談社群教師在共備觀議課的情形和知覺，藉此產出對話的議題，例如：「當我們觀察學生學習，發現學生專心聽講卻仍未具學習成效，可能的原因是什麼？」，根據我的經驗，只要以學生學習為議題的問題，都會引起教師間充分的對話。

　　部分輔導團員缺乏尋找對話議題的能力，這涉及到對教師共備觀議課的內涵之理解程度。不過，我也不希望輔導團員用共備觀議課的「程序細節」當對話議題。從學生學習角度出發，只要對學生學習有利，學生認知上能夠正向改變，這些相關的議題就是對話主題，會比討論程序細節來得好。

第三節　持續提供校長與教師自我實現的機會

　　教學環境相當複雜，教師要能持續性地專業成長，除了學校校長的策略性布局外，還有賴教育局處與輔導團員的長久支持。學校教育要改變，需要有政策上的引領與支持；教師專業成長要能持續，要從外在動機轉變為內在動機。外在動機來自於上級和學校的支持與協助，內在動機則來自於內心的成就感，這部分來自於學生學習成效。因此，教育局處需要以引領者的角色

帶領學校教育發展，也需要與教師共同思考提升學生的學習成效，讓學生真實地學會、學懂、也讓學生在適當的學習挑戰成功後而感到快樂，這也可以讓教師感受到專業成長的成就感。

協助學校校長精鍊自己的課程領導作為

我的研究中察覺到部分校長有心想要帶領學校教師發展教學專業，卻被教師的反對聲音減低了熱忱；我也發現有些教師想要組織社群進行共備觀議課，卻被校長以全校教師均要一致為由拒絕或消極態度以對。這些現象源自於學校教師和校長對共備觀議課之理念不甚了解，部分還停留在傳統的教學觀摩、觀察教師或評鑑教師的思維，少數校長對於教師的專業成長可能還停留在傳統的行政領導觀點。

然而，學校校長是學校的領導者，其課程領導作為中應有責任提供具有價值的理念，並具有課程領導的策略，藉以帶領學校教師往理念前進。我在第九章提及校長是總教練，要讓選手知道總教練懂球，要讓教師知道校長懂課程與教學，因此，教育局處應該為校長提供增能的研習機會。

校長必須要先體會教師共備觀議課的歷程中會參與的事以及感受到的價值與困難，如此才能在學校課程領導上知覺教師的需求。教育局處要持續在校長課程領導作為之增能上努力，除了課程與教學外，了解學校教師專業的多元差異以及提出相對應的配套措施也是校長亟需要具備的能力。

建構一個心理安全且友善的教師專業成長環境

與其他理由相較，教師們願意為學生學習而改變自己，然而，學生學習有太多因素影響，我們應該協助教師察覺那些影響因素，並轉化為策略，幫助教師也幫助學生。

早期許多教師專業發展方案，那些方案不乏專業且優質的理念，不過，

在推動上，往往只關注到計畫和成效，忽略教學現場的複雜性。再者，理念具有價值，但執行上可能操之過急，也可能是執行者不了解真實目的，僅以程序和細節指出教師該表現哪些內容。當教師知覺教師專業發展方案與其教學實務脫離，甚至與學生學習脫離，其內心早就認定不可行，甚至只是浪費時間而已。

其次，教師共備觀議課之目的在於透過學生學習成長進行提升教師教學專業，除了社群教師要先有關注點在於學生的知覺以及對話相互尊重外，教育局處也要知道，教師專業發展不是資料的檢視，也無法用一致性的指標看待，更無法在短時間內提出優質的成果。當教育局處要以上述這些方式獲得成效時，教師可能心理焦慮，進而提供一些表面資料而已。與其評鑑教師專業，不如協助教師把學生教好；與其檢視教師的專業程度，不如鼓勵教師把心思放在學生身上。

教師的專業成長必須要受到尊重，當教師心理感覺到專業成長環境是友善的，他們便會願意投入；當教師在初期就能感受到學生學習成長的價值，他們就會持續地投入，並且樂在其中。

建立課程與教學的線上輔導諮詢系統

一個人做一件事要有持續的動力，一個關鍵要素是當他遇到困難時，能有求助的管道與資源，能獲得立即性的協助，學生學習也是，教師專業成長也是。

教育局處可以建立課程與教學的輔導諮詢線上系統，不過，當前多數網路平台多為閒置，原因在於缺乏專人經營。線上輔導諮詢系統的經營者需要規劃時程，初期除了蒐集各類問題與解答提供社群教師檢索外，可以聘請一些對於教師共備觀議課以及課程與教學設計較為理解的專家或資深教師，隨時在線上回應。即使發問者無法立即獲得解答，但立即獲得回應也會使教師對此系統產生信心，願意持續在此投入參與。

另外，多數教師是被動求助的，諮詢系統經營者可以定期主動傳送課程與教學內容的優良範例，也可以隨時發訊息關注教師的教學生活點滴。諮詢系統是一個提供訊息、提供協助和凝聚教師信心之處，要能讓諮詢系統運作得好，經營策略很重要。

促進學校教育結構性的改變

教師要培養學生核心素養，以面對未來生活中的各項挑戰，需要學校教育進行結構性的改變，校長與教師不改變，十二年國教課程方案所產出的大都是表面作為。

結構性的改變包含校長的課程領導以及教師教學文化，細節上則是學校組織氣氛、教師同僚關係、教師對課程與教學設計的增能與學生在課堂學習的成就感。教育局處需要以此設定階段性目標與任務，適當的壓力是可行的，許多研究已提及，改變學校教育若欠缺壓力，將使其改變速度緩慢或無效。不過，壓力與資源需要等同產出，也需要讓教師知道壓力的來源是學生學習的迫切需要，教師需要被給壓力，我們本就期待教師為了學生省思自己原有的教學，但不需要為教師設定某種特定成果。

教育局處與學校必須系統性地思考各種因素的關聯，例如：教師投入參與的條件是什麼？之後，教師與學生需要產出什麼樣的成就感？當價值產出時，可以鼓勵教師再進行什麼？學校教育結構性的改變不是短時間可為，教育局處要能逐一布局才行。

建置社群教師專業表現的機制

社群教師積極投入學生的學習成長中，學生學習成效改變了，教師教學專業成長了，這得要讓其他教育人員，甚至社會大眾知道，這也是教師持續發展專業的動力之一。

　　教育局處要提供社群教師發表其專業表現的機會，辦理教師共備觀議課博覽會或研討會是合宜的作法。利用寒暑假，找一所大型學校或借用外部場地，設置社群攤位，每個社群可以將其專業成長的歷程點滴，透過影像、學生表現紀錄與口頭說明，與前來觀摩的教師相互對話；也為這些社群提供發表時間，讓他們在舞台上敘說著他們是如何為孩子學生而努力的過程。

　　另外，教育局處也可以邀請社群教師撰寫教研論文，略微修改後編輯成冊，發送到每一個學校，也可以妥善編輯後，請國家圖書館收錄。這除了讓這些社群教師的專業得以被看見外，也可以成為其他學校觀摩學習的機會，更可以讓社會大眾知道某些教師是如何專業地投入學生的學習成效上。

　　要以教師共備觀議課推動教師專業發展，得要多管道同時進行，不僅要讓教師獲得成就感，也需要讓他們獲得他人的肯定。上述這些配套措施的功能很強，可以讓教師獲得肯定與產出自我實現的知覺，外在動機加上內在動機，就是學校教育改變的利器，教育局處不要忽略才是。

小　結

　　早先我們國家也經歷過許多教育政策，執行到最後，學生學習似乎也沒多大改變，原因較少出現在理念，而是執行政策的過程。我們不希望國家的教育政策推動重蹈覆轍，我們得要思考十二年國教核心素養的本質、教育的目的以及教師共備觀議課的真實意義，在推動過程中，方向正確、逐步謹慎以及讓所有參與者體會到有價值性的內容。更重要的是，教師的專業知識學習要有意義，需要願意將理念實踐於情境中，並且願意和他人對話，進而省思。上述過程中有太多的影響因素，如果不能深入了解，僅以政策、計畫和成果資料推動之，最後的結果將是無意義的。

　　學校教育改變的速度相當緩慢，需要有能力的課程領導者充分了解政策與策略性的引導。學校教師專業發展與提升學生學習品質要有效，一定是教育局處、學校和教師三方面的努力與合宜的協作，三方要對共備觀議課的理

念與價值要有共同的期許，各自再扮演自己的角色。

　　教育局處和輔導團也需要把學生的學習放在首位，自己有這樣的理念，才能影響教師，讓社群教師互動的議題聚焦在學生表現上，我們相信當教師感受到共備觀議課與專業成長機制的價值性，教師會逐漸投入與參與中。

　　另外，要能讓教師知覺教育局處和輔導團是教育協作者的角色，不僅提供外在的支持，也建置了足以讓教師產生內在動機的環境機制。教育局處可能短時間無法改變其功能角色，教師無法立即相信教育局處和輔導團員可以提供的協助與支援。然而，學校教育要能成功，教育局處和學校若僅處於上級與下屬關係，想以行政思維改變學校教師，效果一定有限。

　　在其他關於教師專業成長的書籍中，少有提及教育局處的功能，我基於長期的觀察與參與，發現教育局處雖然鮮少出現在教師共備觀議課的對話討論中，卻扮演舉足輕重的角色。教育局處對學校或社群教師，除了提供經費支援外，以計畫發展是不足的，要加入策略性的政策思考。而輔導團員可以和學校教師一起共備觀議課，一起學習、一起討論策略，而不是完成計畫。

附錄

教師共備觀議課紀錄表

【共同備課紀錄】　　　　　　共同備課時間：＿＿＿年＿＿＿月＿＿＿日

		自己備課想法	共同備課調整
學習內容（細部化）	認知 技能 情意 策略性知識 結構要素		
學習表現（層次化）	（低層次表現） 誘答題目 技能步驟 （高層次表現） 討論題目 素養題目 情境任務		
教學策略（活動化）	教學方法 教學步驟 教學活動		
其他	教學資源		

【觀議課紀錄】觀課時間：＿＿年＿＿月＿＿日　　　議課時間：＿＿年＿＿月＿＿日

觀察對象	學生行為表現記錄
（　組或人　） 學習過程：聆聽、回答、討論、操作、書寫的表現 學習表現：在學習內容上的學習表現	行為1
	行為2
	行為3
	行為4
從學生多個行為推論學生表現的原因	
擬定教學策略	

（　組或人　） 學習過程：聆聽、回答、討論、操作、書寫的表現 學習表現：在學習內容上的學習表現	行為1
	行為2
	行為3
	行為4
從學生多個行為推論學生表現的原因	
擬定教學策略	

教師議課 教學省思 學習心得	
備註	

國家圖書館出版品預行編目資料

素養導向的教師共備觀議課／劉世雄著．--
初版．-- 臺北市：五南，2018.08
　面；　　公分
　ISBN 978-957-11-9853-8（平裝）
　1. 教學研究　2. 教學法
521.4　　　　　　　　107012727

117C

素養導向的教師共備觀議課

作　　　者 ― 劉世雄（343.4）

發 行 人 ― 楊榮川

總 經 理 ― 楊士清

總 編 輯 ― 楊秀麗

副總編輯 ― 黃文瓊

責任編輯 ― 李敏華

封面設計 ― 姚孝慈

出 版 者 ― 五南圖書出版股份有限公司

地　　　址：106 台北市大安區和平東路二段 339 號 4 樓

電　　　話：(02)2705-5066　　傳　　真：(02)2706-6100

網　　　址：https://www.wunan.com.tw

電子郵件：wunan @ wunan.com.tw

劃撥帳號：01068953

戶　　　名：五南圖書出版股份有限公司

法律顧問　林勝安律師事務所　林勝安律師

出版日期　2018 年 8 月初版一刷
　　　　　　2021 年 1 月初版五刷

定　　　價　新臺幣 280 元

經典永恆・名著常在

五十週年的獻禮——經典名著文庫

五南，五十年了，半個世紀，人生旅程的一大半，走過來了。

思索著，邁向百年的未來歷程，能為知識界、文化學術界作些什麼？

在速食文化的生態下，有什麼值得讓人雋永品味的？

歷代經典・當今名著，經過時間的洗禮，千錘百鍊，流傳至今，光芒耀人；

不僅使我們能領悟前人的智慧，同時也增深加廣我們思考的深度與視野。

我們決心投入巨資，有計畫的系統梳選，成立「經典名著文庫」，

希望收入古今中外思想性的、充滿睿智與獨見的經典、名著。

這是一項理想性的、永續性的巨大出版工程。

不在意讀者的眾寡，只考慮它的學術價值，力求完整展現先哲思想的軌跡；

為知識界開啟一片智慧之窗，營造一座百花綻放的世界文明公園，

任君遨遊、取菁吸蜜、嘉惠學子！